Karl Friedrich Eusebius Trahndorff

Theos, nicht Kosmos

Denkschrift als Zeugniss für die Wahrheit

Karl Friedrich Eusebius Trahndorff

Theos, nicht Kosmos
Denkschrift als Zeugniss für die Wahrheit

ISBN/EAN: 9783743375789

Hergestellt in Europa, USA, Kanada, Australien, Japan

Cover: Foto ©ninafisch / pixelio.de

Manufactured and distributed by brebook publishing software (www.brebook.com)

Karl Friedrich Eusebius Trahndorff

Theos, nicht Kosmos

Theos, nicht Kosmos!

Denkschrift
als Zeugniß für die Wahrheit

von

Professor K. F. E. Trahndorff.

Πάντα δοκιμάζετε.
1 Theff. 5, 21.

Zweite Auflage.

Berlin, 1860.
Evangelische Buchhandlung.
Otto Kritz.
Oberwallstraße Nr. 5

In meinen drei und dreißig Artikeln gegen den Grundirrthum der Zeit habe ich deutlich genug auf den eigentlichen Grund des großen Nothstandes des Protestantismus aufmerksam gemacht. Hier hebe ich diesen Grund jetzt ganz ausdrücklich und bestimmt hervor, und stelle ihn an die Spitze der Beweisführung seiner Wahrheit. Er stellt sich dar in folgender Formulirung:

1) Der Grund des genannten Nothstandes besteht darin, daß die Reformation nicht das geworden ist, was sie werden und sein sollte. Sie sollte nicht eine Lutherische, Calvinische oder unirte Kirche neben der römisch-katholischen stiften, sondern die ganze christliche Kirche von ihrer mittelalterlichen Entstellung reinigen.

2) Die Erreichung dieses Ziels ist nicht, wie man zu glauben scheint, ohne ein Wunder unmöglich; möglich aber nur durch die definitive Entscheidung des Streits zwischen Vernunft und Glauben, und diese Entscheidung kann nur erfolgen

3) durch vollendete Selbsterkenntniß der Vernunft. Die Vernunft ist noch nicht zum vollendeten Selbstbewußtsein gelangt; sie weiß noch nicht, was sie wirklich ist. Der Vernunftbegriff, wie er noch immer als der wahre gilt, ist ein Rest des Paganismus aus der Zeit der vorchristlichen griechisch-römischen Cultur und Philosophie.

Diese drei Punkte enthalten die Aufgabe, zu deren Lösung unsere Zeit hoffentlich endlich herangereift ist. Die Lösung kann aber nur auf psychologischem Wege gewonnen werden. Man wird sagen: der Grund, daß die Reformation nicht werden konnte, was sie sein sollte, ist die Sünde. Ganz gewiß! Denn die

Sünde ist auch ursprünglich der Grund davon, wenn ein hohler Zahn mich schmerzt. Hier aber ist nicht von dem ersten, allgemeinsten Grunde die Rede, von dem, was im Paradiese geschah, sondern von den besondern, pragmatisch-geschichtlichen Bedingnissen, daß die Reformation nicht werden konnte, was sie werden sollte. Wie wenig man aber die Möglichkeit einer solchen Lösung ohne Wunder ahnet, giebt sich deutlich zu erkennen, einerseits in der stolzen Sicherheit, mit welcher die emancipirte Wissenschaftlichkeit sich auf ihren Vernunftbegriff verläßt; andrerseits in der Verzweiflung der Kirche an jener Möglichkeit, welche sich durch das Gebot ausspricht: „Nehmt eure Vernunft gefangen unter den Gehorsam des Glaubens"*).

Die Vernunft soll sich selbst erkennen? Wie soll sie es angreifen, um zu dieser Erkenntniß hindurch zu bringen? Die Vernunft kann ja eigentlich nur erst Vernunft, d. h. vernünftig sein, wenn sie selbst weiß, was sie ist. Da erblicke ich über dem Eingange des Apollotempels zu Delphi das berühmte „γνῶθι σεαυτόν" (kenne dich selbst). Hat der Paganismus uns irre geführt, so möge er auch helfen, uns wieder auf den rechten Weg zu bringen.

Der Mensch soll sich selbst erkennen.

Ich nehme den Menschen, wie er in der Wirklichkeit ist, als Thatsache. Ich setze nichts voraus, denn ich erkenne die Nothwendigkeit, die Wissenschaft müsse immer von einer Voraussetzung ausgehen, durchaus nicht als wahr und richtig an. Die Wissenschaft oder das Wissen muß nothwendig ausgehen von einem allumfassenden Ersten, das man wirklich weiß.

Der Mensch, als Geschöpf mit Bewußtsein, ist eine Thatsache, und zwar die wichtigste; denn das menschliche Bewußtsein ist die erste Bedingung alles menschlichen Wissens, Denkens und Lebens! Ich sage: „Das menschliche Bewußtsein", weil der

---

*) Die Stelle 2 Cor. 10, 4. 5. enthält kein solches Gebot.

Mensch sich seines Bewußtseins bewußt ist, also den Begriff „Bewußtsein" hat. Dieser Begriff ist aber das gesuchte, allumfassende Erste, der Anfang unsres Wissens und Lebens, und er muß ebenso auch der Anfang alles Philosophirens sein. Unsere Philosophie hat diesen Anfang nicht beachtet, sie hat gewissermaßen philosophiren wollen ohne Bewußtsein.

Wir fragen also: „Was ist das Bewußtsein?" — Es ist die Fähigkeit zu wissen. Dies nöthigt uns aber weiter zu der Frage: „Was ist das Wissen?" Wir müssen diesen Begriff scharf ins Auge fassen, und wir erkennen darin die Nothwendigkeit eines Zwiefachen, nämlich, daß da sei Etwas, welches weiß, ein Wissendes, und Etwas, das gewußt wird. Wir nennen das Erste das Subjekt, das Zweite das Objekt des Wissens. Diese Nothwendigkeit steht unerschütterlich fest. Es ist kein Wissen möglich ohne ein Wissendes, eben so wenig aber auch ohne Etwas, das gewußt wird. Was wir wissen wollen, muß dem Wissenden, dem Subjekt, d. h. unserm „Ich" gegeben werden und gegeben sein. Wäre die ganze Welt oder Natur nicht, wir würden sie nicht wissen können. Dies steht gleichfalls fest. Während aber das Erstere unbestritten bleibt, macht die Philosophie gegen das Letztere folgende Einwendung: „Denken wir auch Alles hinweg, unser Wissen und Denken bleibt dennoch. Wäre auch außer dem Wissenden, dem Subjekt, gar nichts, so wäre es doch selbst. Das Ich ist sich selbst Gegenstand des Wissens. Es weiß sich selbst; es wäre sonst nicht Bewußtsein." Doch diese letzte Nothwendigkeit berechtigt uns noch nicht, die Möglichkeit des Wissens anzunehmen, wenn nichts außer uns da wäre. Das Hinwegdenken der Welt ist ebenso eine Täuschung, wie das Sich-irgend-wohin-Denken. Ich kann mich, sagt man, mit meinen Gedanken in die Sonne, in den Saturn, Sirius, und wer weiß, wohin sonst, in einem Nu versetzen. Wie sieht es aber, frage ich jetzt, in der Sonne, im Saturn oder Sirius aus? Wißt ihr das? — Versuche es einmal recht ernstlich, dir die ganze Welt hinweg zu denken, und frage dich: Wo bleibe ich denn selbst, wenn die ganze

Welt nicht ist? Denkst du dir die ganze Welt hinweg: so mußt
du auch alle übrigen Menschen hinwegdenken. Wenn Jeder von
ihnen es nun ebenso macht? Haben sie nicht alle dasselbe Recht
dazu, wie du? Mußt du dich nicht auch mit hinweg denken?
Kannst du, selbst eine Thatsache der Wirklichkeit, wie du jetzt
bist, ohne die ganze Welt existiren? Du, dessen Existenz doch
offenbar durch die Natur bedingt ist?

Wohl müssen wir, sollen wir irgend Etwas außer uns
wissen, erst uns selbst wissen. Diese Nothwendigkeit steht
fest. Dieses Sich-selbst-wissen ist das, wodurch wir eben ein
Wissendes, ein Subjekt des Wissens sind. Dieses Sich-selbst-
wissen ist die Fähigkeit zu wissen, das, was wir Bewußtsein
nennen. Wir wissen uns selbst, d. h. wir selbst sind Gegenstand
unsers Wissens. Das Subjekt ist sich selbst als Objekt gegeben, und dadurch eben ein „Ich." Wir stehen hier bei der
tiefsten und letzten Gränze unsers Bewußtseins, über welche wir
immer mit unserm „Sich-im-Nu-irgend-wohin-denken" und unserm „Die ganze-Welt-hinweg-denken" hinweggefaselt haben.

Eben so nothwendig ist darum aber auch unser Bewußtsein
durch die Welt oder Natur bedingt. Diese umfaßt alles sinnlich
Wahrnehmbare. Alles, was außer uns, d. h. was nicht unser
Ich selbst ist, wirkt vermittelst unserer Sinne und durch diese auf
unser Ich, gleichsam auf den Mittelpunkt unsers Bewußtseins.
Dieses Wirken ist die erste Bedingung unsers Wissens. Wir
nennen darum auch das sinnlich Wahrnehmbare, das und weil es
so auf unser Ich wirkt, das Wirkliche, und unser Wissen
desselben bestimmtes Wissen oder Gewißheit. Das Bewußtsein besteht aber nicht blos darin, daß die äußern, sinnlich
wahrnehmbaren Objekte auf das Subjekt, das Ich, wirken, sondern in einer Gegenwirkung desselben. Das Ich behauptet sich
gleichsam durch Reaction gegen diese Action der Objekte; es
scheidet und unterscheidet sich selbst von den äußern Objekten und
ihrem Wirken. Dies kann es aber nur, wenn es sich von sich
selbst scheidet. Diese merkwürdige Nothwendigkeit ist aber That-

sache. Das Ich könnte sich nicht unterscheiden von den äußern Objekten (die es nicht selbst ist), es könnte kein Bewußtsein stattfinden, wäre das Ich nicht sich selbst Objekt des Wissens. Dieser Proceß des Bewußtseins und Wissens spricht sich in drei Momenten aus. 1) Wir müssen von jedem sinnlich wahrnehmbaren Gegenstande aussagen: „er ist", d. h. er ist unabhängig von unserem Bewußtsein; er ist von diesem nicht bedingt, er ist außer uns. 2) „Ich bin", d. h. Ich, das Subjekt, gehöre ebenfalls zu den Objekten, von denen das: „es ist" ausgesagt werden muß. Ich gehöre mit zur Natur, als durch diese bedingt; und endlich 3) „Ich bin Ich, und das Objekt ist Objekt." Das Ich nimmt gleichsam sich wieder in sich selbst zurück, und weist auch das Objekt wieder in sich selbst zurück. Es vollzieht durch diese Analysis sein Bewußtsein, indem es sich selbst von den auf es wirkenden sinnlich wahrnehmbaren Gegenständen unterscheidet; das kann es aber nur, wenn es sich von sich selbst unterscheidet.

Das Wissen ist also Action der Objekte und Reaction des Subjekts, oder Wechselwirkung beider, in welcher das Subjekt in sich ein zwiefaches wird, ein subjektives und objektives Subjekt, und die Wechselwirkung beider ist sein inneres Leben, eben das Bewußtsein, die Fähigkeit zu wissen. Indem das Ich sich selbst Objekt ist, sich selbst weiß, wird es zugleich das Vermittelnde der Wechselwirkung zwischen dem (subjektiven) Subjekt mit den objektiven (äußern) Objekten; und diese Wechselwirkung ist eben das Wissen. Darum ist aber, wie wohl der Begriff „Bewußtsein" das Prinzip des Philosophirens sein muß, wegen dieser Nothwendigkeit desselben zum Wissen, und wiewohl bisher eben deshalb das Bewußtsein immer als das Allgemeine, das Wissen als das diesem ein- und untergeordnete Besondere gegolten hat; doch, umgekehrt, das Wissen das Allgemeine; das Bewußtsein das Besondere; denn das Wissen umfaßt alle Objekte, das Bewußtsein ist aber nur das sich-selbst-Wissen des Subjekts.

Demzufolge besteht also die Wechselwirkung „Wissen" darin, daß dem Subjekt die sinnlich wahrnehmbaren Objekte gegeben

werden als auf dasselbe wirkende, und daß dieses Wirken nur
möglich ist dadurch, daß das Subjekt sich selbst als Objekt gegeben ist. Damit ist gleichsam die natürliche Organisation unsers
Bewußtseins, das Grundverhältniß und Grundgesetz desselben, ausgesprochen. Dieses Grundgesetz ist aber zugleich die Schranke
unsers Bewußtseins; denn jedes Gesetz ist eine Schranke, weil es
eine Nothwendigkeit ist, über die wir nicht hinaus können oder
nicht hinaus dürfen. Ueber dieses Grundgesetz, wie wir es als
Grundverhältniß erkannt haben, kann unser Bewußtsein an sich
und durch sich nicht hinaus. Das Subjekt kann nur sich wissen
(d. h. nur wissen, daß es sich selbst Objekt ist), und die sinnlich
wahrnehmbaren Objekte, die auf es wirken. Weiter ist in und
mit dieser Organisation oder diesem Grundverhältniß nichts gegeben.

Dennoch aber wissen wir mehr als das. Wir sind also doch
über dieses Grundgesetz hinaus. In der That wäre es uns nicht
möglich gewesen, mit unserem „Sich-im-Nu-irgend-wohin-denken"
und mit unserem „Die-ganze-Welt-hinweg-denken" (s. oben) über diese
Schranke hinwegzufaseln. Ja, wir hätten selbst nie des Grundverhältnisses und Grundgesetzes unsers Bewußtseins uns bewußt
werden, d. h. wir hätten uns nie unsers Bewußtseins bewußt sein
können, wären wir nicht über das Grundgesetz desselben hinaus.
Unser Bewußtsein könnte nie Bewußtsein des Bewußtseins sein;
es könnte nicht über sich selbst stehen, wie dies doch wirklich der
Fall ist. Damit stehen wir vor einem Räthsel, vor dem wir
aber auch nicht würden stehen können, wäre unser Bewußtsein
nicht über jenes Grundgesetz hinaus, und zugleich tritt uns die
Nothwendigkeit entgegen, zu fragen: wie ist unser Bewußtsein zu
dieser Stellung gekommen?

Das menschliche Bewußtsein steht über seiner Bedingtheit durch die Natur. Seine Stellung ist eine übernatürliche, und es stellt sich hier die Nothwendigkeit des Begriffs
„übernatürlich" heraus. Wie sind wir aber zu dieser Stellung
unsers Bewußtseins gekommen? Etwa durch Aufhebung jenes

Grundgesetzes? Dann wäre unser Bewußtsein vernichtet. Die Existenz desselben ist ja bedingt durch die Nothwendigkeit der Objektivität. Was wir wissen sollen, muß uns als Objekt gegeben sein. Das Uebernatürliche ebensogut, wie das Subjekt sich selbst, und diesem die sinnlich wahrnehmbaren Objekte, die Natur, d. h. es muß uns ein Objekt gegeben sein, das ganz unabhängig von aller Bedingtheit durch die Natur ist. Nun haben wir aber in der Bibel eine Tradition, welche uns berichtet, daß die Welt und der Mensch von einem solchen Wesen erschaffen sei, und daß dieser Schöpfer sich selbst dem Menschen als Objekt des Bewußtseins gegeben habe, und zwar sich selbst als ein **übernatürliches** Objekt. Denn der Schöpfer der Welt oder Natur muß über der ganzen Natur stehen, ganz unbedingt und unabhängig von derselben. Er ist im Verhältniß zur Organisation unsers Bewußtseins eben das übernatürliche Objekt desselben. **Das Räthsel ist gelöst.**

Das Bewußtsein, ohne diese Erhebung über sich selbst durch die Uroffenbarung, bleibt unter dem Banne der Herrschaft und Macht der sinnlich wahrnehmbaren Objekte, als thierisches Bewußtsein. Es giebt Objekte, die das Thier nie wissen kann. Das Ich in dem Bewußtsein des Thieres kann sich nicht von sich selbst scheiden. Es ist nur Bewußtsein, aber nicht Bewußtsein des Bewußtseins; es ist nicht über seine Schranke hinaus. Das menschliche Bewußtsein setzt nothwendig das Bewußtsein und Nichtbewußtsein voraus. Denn das Subjekt, das Ich, sagt von jedem Objekt aus: „es ist." Diese Aussage ist ohne den Gegensatz „Sein und Nichtsein" nicht möglich. Das Subjekt kann von dem Objekt nicht aussagen: „es ist" (es kann also das „Sein" von demselben nicht aussagen), ohne das Bewußtsein der Möglichkeit, daß es nicht sei. Es kann nichts verneint werden, was nicht bejaht, eben so aber auch nichts bejaht werden, was nicht verneint werden könnte. Es kann nur bejaht werden, weil es verneint werden kann. Das Subjekt (das Ich) kann sich aber wieder von den gegebenen Objekten nicht unterscheiden, wenn es sich nicht von sich selbst unterscheidet. Wenn das Subjekt sich als Subjekt von sich selbst als Objekt unterscheidet, so muß es sich als Subjekt, als Ich, also das Nichtich, d. h. das Nichtbewußtsein — und wenn es als Objekt sich von sich selbst, als dem Subjekt, unterscheidet, das Nichtobjekt, also das Ich wieder als Nichtich, als Nichtbewußtsein, dem Ich als Bewußtsein, entgegensetzen. Es muß sich seines eignen Bewußtseins und Nichtbewußtseins bewußt sein, und es muß sich des Gegensatzes „Bewußtsein und Nichtbewußtein" schon bewußt sein, wenn es sich des Gegensatzes „Sein und Nichtsein" bewußt sein soll. Der letzte kann nur durch den ersten bedingt sein. Objektiv kann der Gegensatz „Sein und Nichtsein" uns nicht gegeben werden durch die Natur; objektiv wird uns durch sie nur das Sein und das Anderssein gegeben. Das Nichtsein ist uns nur in und mit dem Nichtbewußtsein gegeben. Denn das Nichtbewußtsein ist für uns gleich dem Nichtsein. Ist unser Bewußtsein vernichtet: so ist unsere Existenz und die Existenz der ganzen Welt für uns vernichtet. Das Nichtbewußtsein, d. h. das Bewußtsein desselben, ist aber nur möglich durch jene Erhebung des Bewußtseins über sich selbst, durch jenen übernatürlichen Act des übernatürlichen Gottes, weil das Bewußtsein das Nichtbewußtsein eben so contradictorisch ausschließt, wie das Nichtbewußtsein das Bewußtsein. Das Nichtbewußtsein ist ebenso, wie das Nichtsein, kein Objekt, das uns von der Natur gegeben werden kann. Es ist nichts Objektives, weil es eben Nichts ist. Das Nichtbewußtsein ist nicht möglich als Objekt des Bewußtseins innerhalb desselben, ebenso auch das Nichtsein und der Gegensatz „Sein und Nichtsein." Daher der Satz des Widerspruchs. „Ein Ding kann nicht zugleich sein und nicht sein", der diese Unmöglichkeit eben ausspricht, während er dennoch Objekt unsers Bewußtseins ist, weil unser Bewußtsein über sich selbst über seine Schranke und über die Bedingtheit durch die Natur, also auch über die Schranke derselben, erhoben ist. Der Gegensatz „Bewußtsein und Nichtbewußtsein" bezeichnet die Stellung des Bewußtseins über sich selbst (auf der subjektiven Seite desselben), „Sein und Nichtsein" die Stellung desselben über der Natur (auf der objektiven Seite).

Da aber überhaupt kein Bewußtsein stattfinden kann ohne das Wissende, das Subjekt: so auch nicht das Bewußtsein des Seins und des Nichtseins ohne den Gegensatz „Bewußtsein und Nichtbewußtsein."

Was ist also die Vernunft? Sie ist die übernatürliche Stellung unsers Bewußtseins, zu der es durch die Uroffenbarung erhoben wurde. Das Bewußtsein, so über sich selbst und seiner Bedingtheit durch die Natur stehend, kann mit seinem Inhalt frei schalten. Es kann die Objekte seines Wissens auf die Seite des Bewußtseins oder Nichtbewußtseins stellen — es kann bejahen oder verneinen. Dies ist die innere Bedingung der Sprachfähigkeit; die Biegsamkeit und Beweglichkeit der Organe die äußere.

Dies die wahre Vernunft. Wie sind wir zu dem falschen Vernunftbegriff gekommen? Gab der übernatürliche Gott sich selbst dem Bewußtsein des Menschen als Objekt, dann auch damit zugleich die Nothwendigkeit, diesem übernatürlichen Objekt „Gott", dieser übernatürlichen Einheit, auch alles sinnlich Wahrnehmbare (die Natur) als ein Ganzes entgegen zu setzen und es als ein Ganzes, als Einheit, zu umfassen. Als die geschichtlichen Thatsachen der Uroffenbarung in dem Bewußtsein des Paganismus erloschen, blieb doch die Nothwendigkeit, das sinnlich Wahrnehmbare als ein Ganzes zu umfassen, stehen; denn die Heiden blieben Menschen. Die Nothwendigkeit dieser Einheit war das Höchste, was sie in ihrem Bewußtsein fanden, sie umfaßte ja alles Existirende. Sie blieb nun das höchste Prinzip ihres Wissens, Denkens, Wollens und Handelns, eben Das, was wir Vernunft nennen. Auch unsere Philosophie nennt ja die Vernunft das Vermögen des Allgemeinen, Universellen, d. h. das Vermögen, alles Existirende als ein Ganzes, als Einheit zu umfassen. Daß aber damit selbst schon die übernatürliche Stellung unsers Bewußtseins ausgesprochen ist, daran dachte sie nicht. Allein diese Vernunft, als das Prinzip alles Wissens, Denkens ꝛc. schließt, gilt sie als das Höchste in unserem Bewußtsein, Alles mit der Totalität des sinnlich Wahrnehmbaren ab, und bedingt völlig consequent die

Verneinung des Uebernatürlichen. Sie gestattet, sich eben selbst
widersprechend, nur die Natur, während sie doch über der Bedingtheit durch dieselbe stehen muß. Was ist aber die Natur? Die
Totalität alles sinnlich Wahrnehmbaren, als Totalität aller Bedingtheit und Wechselwirkung. Und was ist die Welt? Eben
diese Totalität, aber als unendliche Größe. Diese Unterscheidung ist wohl zu beachten. Wir werden später noch sie eben
so fruchtbar als richtig finden.

Wir müssen noch auf die Sprache zurückkommen. Auch sie
ist Zeugin von der übernatürlichen Stellung unsers Bewußtseins.
Durch die Sprache vernehmen wir den Inhalt eines andern Bewußtseins, das nicht das unsrige, also unser Nichtbewußtsein
ist. Unser Bewußtsein ist über sich selbst hinaus, und das Bewußtsein jedes Kindes wird durch Mittheilung des Bewußtseins-
Inhalts Erwachsener, deren Bewußtsein bereits über sich selbst
und über der Bedingtheit durch die Natur steht, nach und nach
über seine Schranke zu der übernatürlichen Stellung erhoben.
Das Bewußtsein jedes Einzelnen kann aber den Inhalt nicht nur
aller Individuen der Gegenwart, sondern auch der Vergangenheit
in sich aufnehmen und Andern mittheilen. Jedes menschliche Bewußtsein kann also Träger des Bewußtseins-Inhalts Aller, d. h.
des Gesammtbewußtseins der ganzen Menschheit sein, und dieses
Gesammtbewußtsein der Menschheit mit seiner Tendenz sich zu
vollenden ist das, was wir die Wissenschaft nennen. Die
Wissenschaft soll das vollendete Gesammtbewußtsein
der Menschheit sein, und das menschliche Bewußtsein ist
eben Vernunft, weil es den Bewußtseins-Inhalt Andrer, der
ihm durch die Sprache gegeben wird, vernehmen, und Ver-
stand, so fern es das Gegebene umfassen und verstehen kann.

Jetzt haben wir den Standpunkt erreicht, auf welchem wir
von der Wissenschaft, was und wie sie es geleistet hat, Rechen-
schaft verlangen können.

Die Wissenschaft hat bis jetzt sich selbst ihrer Wahrheit nach
noch ebenso wenig verstehen können, wie die Vernunft. Sie hielt

sich nicht für Vollendung des **Bewußtseins**, sondern für Vollendung des **Wissens** alles Gewußten und zu Wissenden, d. h. des Wissens der ganzen Welt und Natur, also der Totalität des sinnlich Wahrnehmbaren, sowohl nach ihrem ganzen Umfange als Größe, als auch der ganzen Struktur ihrer Bedingtheit und Wechselwirkung; damit setzte sie aber die **Allwissenheit**, als die in ihrem Begriff selbst gegebene Nothwendigkeit ihrer Vollendung voraus. Es lag dabei allerdings wieder im Hintergrunde die Nothwendigkeit verborgen, daß unser Bewußtsein und Wissen selbst durch das Gegebensein und Gegebenwerden der Objekte außer dem Subjekt bedingt ist. Vermöge der Verneinung des Uebernatürlichen aber, durch welche das sinnlich Wahrnehmbare eben das All, das Gottesbewußtsein also, als ein übernatürlich bedingtes, unmöglich war, blieb das Ich, das Subjekt, also das Wissende, immer ein Räthsel mit der Nothwendigkeit, daß die Lösung desselben nur erst Ergebniß des Wissens der ganzen Natur, also der Allwissenheit sein könne. Daß die Nothwendigkeit der Bedingtheit durch die Objektivität sich auch auf das Subjekt erstrecke, daß dieses, das Ich; so weit es sich selbst zu erkennen vermag, dadurch zugleich die Schranke des Bewußtseins bezeichne, und als Centrum der Objektivität erscheine, und zwar grade dadurch, daß es sich selbst Objekt ist, diese Erkenntniß war der Wissenschaft unmöglich geworden. Sie quälte sich mit dem Gegensatz, Geist und Materie (Spiritualismus und Materialismus), d. h. mit dem Gegensatze eines bildenden Prinzips und des zu bildenden Stoffes. Ohne es zu ahnen, hatte sie aus dem Gebiete der Offenbarung das Verhältniß des übernatürlichen Gottes, des Weltschöpfers, zu dem Geschaffenen, ungeschickter Weise auf das Grundverhältniß des menschlichen Bewußtseins, des Subjekts zur Objektivität, übertragen, und sich damit in die Nothwendigkeit einer gefährlichen Rückwirkung verwickelt. Das Verhältniß des übernatürlichen Gottes zu dem Erschaffenen wurde ihr unter den Händen zu dem Dualismus eines ewigen, bildenden Prinzips und einer ewigen Materie. Das Gefährliche dieses Dualismus nöthigte sie allerdings zur Verwerfung der Ewigkeit der Materie; doch ließ man die Materie selbst gelten, und behielt vorzüglich den Begriff „Geist", wie er durch den Gegensatz jenes Dualismus ursprünglich als ein von allem sinnlich Wahrnehmbaren unabhängiges Wesen ausgeprägt war.

Da nun durch die Verneinung des Uebernatürlichen die durch die Uroffenbarung gegebene Einheit alles sinnlich Wahrnehmbaren zu dem geworden war, was wir Vernunft nennen: so trat, ausgerüstet mit dieser allumfassenden Vernunft, das Subjekt unsres Bewußtseins, das Ich, als das Wissende, der Totalität des sinnlich Wahrnehmbaren ebenso als Geist gegenüber, wie der übernatürliche Gott der von ihm erschaffenen Welt oder Natur. Das Ich, das Subjekt des menschlichen Bewußtseins, als Geist, als ein von aller Bedingtheit durch die Natur unabhängiges Wesen, stand, ehe man sich dessen versah, in dem menschlichen Bewußtsein, der Welt- oder Natur gegenüber, an der Stelle des übernatürlichen Gottes, und so ergab sich aus diesem wunderlichen Verhältniß die eben so wunderliche Aufgabe der Wissenschaft, diesem Geist, dem Ich, endlich die Allwissenheit zu vindiciren, dadurch, daß man die subjektiv nothwendige Voraussetzung der Einheit alles sinnlich Wahrnehmbaren wissenschaftlich realisirte.

Seitens der Glaubenspartei wird die Wissenschaft des eiteln Hochmuths beschuldigt, und es trifft das Wissen der Vorwurf „es blähe auf." Wir sehen hier den wahren Grund dieses Vorwurfs. Das Vielwissen dünkt sich nicht fern vom Alleswissen, oder von der Allwissenheit. Wenn aber vor einiger Zeit ein Leitartikel in der Spenerschen Zeitung, welcher die kirchlichen Zustände unserer Zeit besprach, behauptete, es werde keine der christlichen Kirchen jemals zum Besitze der ganzen Wahrheit gelangen: so wissen wir jetzt, was wir unter dieser ganzen Wahrheit zu verstehen haben; wir können aber mit Recht fragen: Wird denn die Wissenschaft jemals zum Besitz dieser ganzen Wahrheit gelangen? Könnte sie es, so könnte sie ja der Kirche damit dienen? Es wäre beiden geholfen.

Billig hätte man schon stutzig werden sollen bei der Nothwendigkeit, diese vorausgesetzte Einheit alles sinnlich Wahrnehmbaren erst als objektiv wirkliche zu realisiren. Es hätte diese Nothwendigkeit doch wohl die Frage motiviren sollen: Wie ist denn unser Bewußtsein zu dieser subjektiv nothwendigen Voraussetzung der Einheit alles sinnlich Wahrnehmbaren gekommen? Allein kein Mensch dachte an diese Frage; ja selbst, als man durchaus keine objektiv wirkliche Grundbedingung dieser Einheit fand und finden konnte, fiel es Keinem ein, die eben genannte Frage zu thun. Man begnügte sich vielmehr mit Versuchen, die Voraussetzung durch Hypothesen, d. h. wieder durch Voraussetzungen wissenschaftlich zu realisiren, und glaubte wirklich an eine solche Möglichkeit.

Ich übergehe die Philosophie des sogenannten ancien régime. In ihm ist noch am allerwenigsten Etwas von der Möglichkeit zu merken, über die wahre Bedeutung der Philosophie und Wissenschaft ins Klare zu kommen. Erst mit Kant begann die neue Epoche, welche ein solches Ergebniß in Aussicht stellte. Kant wollte das Erkenntnißvermögen untersuchen. Aber der Begriff „Geist", wie er einmal sanctionirt war, führte ihn irre. Er untersuchte eine reine, d. h. von aller Objektivität unabhängige Vernunft, die es gar nicht giebt. Hegel leugnete die Möglichkeit einer solchen Untersuchung. „Wolle man", sagte er, „nicht eher anfangen zu philosophiren, als bis man die Vernunft untersucht habe, so könne man gar nicht anfangen, denn philosophiren sei schon vernünftig denken; man könne also nicht eher vernünftig denken, als bis man die Vernunft untersucht habe. Dieses Sophisma klingt ungemein schlagend; wahr könnte es aber nur sein, wenn, hinsichtlich des geschichtlichen Entstehens der Philosophie, verlangt worden wäre, die Philosophie hätte schon vor aller Philosophie vorhanden sein sollen. Die Untersuchung des Erkenntnißvermögens, also der Vernunft, ist ja schon Philosophie und, als Selbsterkenntniß der Vernunft, die wichtigste und nothwendigste, deren Möglichkeit uns schon in dem Begriff Bewußtsein, als dem Sich-selbst-wissen des Wissenden, des Subjekts, gegeben ist.

Allerdings hatte, aus dem soeben erkannten Grunde, „die Kritik der reinen Vernunft" des Königsberger Philosophen nicht zu der definitiven Lösung der Aufgabe geführt, die sich aus der Untersuchung des Erkenntnißvermögens hätte ergeben müssen. Seine drei berühmten Nachfolger waren deshalb genöthigt, immer wieder von vorn anzufangen, d. h. mit Universal-Hypothesen zu experimentiren. Blicken wir nun zurück auf das Grundverhältniß unsers Bewußtseins, als Wechselwirkung des Subjekts mit den Objekten: so sehen wir, wie Jeder von ihnen seinen Standpunkt in einer der drei Nothwendigkeiten dieses Grundverhältnisses nahm, ohne auf den Gedanken zu kommen, daß dieses Grundverhältniß und der Begriff „Bewußtsein" selbst zu untersuchen sei. — Fichte auf der Seite des Subjekts, Schelling in der Nothwendigkeit der Bedingtheit durch die Wechselwirkung des Subjekts mit den Objekten, und Hegel auf der Seite der Objekte.

Fichte, auf der subjektiven Seite, wagte es, das ganze natürliche Grundverhältniß unsers Bewußtseins umzukehren und, um den Absolutismus des Ichs durchzusetzen, die ganze Welt oder Natur, also die ganze Objektivität durch das Subjekt zu bedingen, indem er den Satz aufstellte: „Das Ich setzt sich selbst durch sein bloßes Sein", d. h. es giebt sich selbst sich als Objekt, damit dann aber auch zugleich nothwendig alle übrige Objektivität, die ganze Welt. Die in dem sanctionirten Begriff „Geist" gegebene Unabhängigkeit von der Bedingtheit durch die Materie, d. h. durch die Objektivität (Natur), stellte nun die Consequenz ihrer innern Nothwendigkeit der Wahrheit gemäß dar. Das Subjekt, das Ich, trat in dem Bewußtsein ganz offen an die Stelle des übernatürlichen Gottes, und wenn man den Stifter dieses Systems des Atheismus beschuldigte, so that man ihm keineswegs unrecht. Er konnte nicht über die in dem Ich gegebene Schranke, über die Nothwendigkeit des sich-selbst-Objektseins, hinüber; er bedingte also von dieser Schranke aus die ganze Welt, als Product derselben.

Schelling wollte die in dem „Ich" dem Subjekt gegebene

Schranke dadurch aufheben, daß er die Differenz zwischen Subjekt und Objekt aufhob. Er wollte so zu dem Absoluten gelangen, damit hob er aber das Bewußtsein selbst auf, und wollte ohne Bewußtsein philosophiren. Der Gegensatz „Subjekt und Objekt" ist allerdings, als das subjektive Prinzip aller Bedingtheit, die Schranke unsers Bewußtseins, zugleich aber auch das Grundverhältniß und Grundgesetz unsers Bewußtseins, und somit die Bedingung desselben. Deßhalb kann diese Schranke, zwar das Prinzip der Bedingtheit, dennoch, um zum Absoluten (dem Unbedingten) hindurch zu bringen, nicht aufgehoben werden, ohne daß das Bewußtsein selbst aufgehoben wird*).

Hegel gab es auf, von dem Subjekt und dessen Verhältniß zu den Objekten auszugehen, und trat unmittelbar gleich auf die Seite der Objektivität, indem er das „Sein", d. h. den Begriff der Weltexistenz, als das Einheitsprinzip alles Existirenden aufstellte, und damit alle Wirklichkeit umfassen wollte, als die reale Einheit alles Existirenden; denn wie gesagt, jedes Ding ist ja ein wirkliches dadurch, daß es ist. Fichte hatte die in dem Begriff „Ich" gegebene Schranke des Bewußtseins selbst als das Absolute seinem System zum Grunde gelegt. Schelling wollte diese Schranke durchbrechen, oder überhaupt beseitigen; Hegel hat sie übersprungen. Aber davon hatte er keine Ahnung, wodurch dieser Sprung ihm nur möglich war. Indem er mit dem Gegensatz „Sein und Nichts (Nichtsein)"**) operirte, um sein System allumfassend zu construiren, war er schon über das „Sein", d. h. über die Wirklichkeit alles Existirenden und so über die Schranke

---

*) Vergl. S. 7.
**) Man hat Hegels Gegner in Betreff seines Nichts getadelt, indem man sagte, Hegel habe den Begriff „Nichts" in einem andern Sinne gebraucht, als in dem gewöhnlichen. Wer gab ihm aber das Recht, die durch das Grundgesetz unsers Bewußtseins bedingte ursprüngliche Bedeutung eines Begriffs willkürlich zu verändern? Sein „Nichts" erinnert an das Nichts Jacob Böhmes, ist aber eine das Bewußtsein verdunkelnde Maskirung des Begriffs „Übernatürlich", so wie auch der Begriff des Absoluten, d. h. des Unbedingten, wie er jetzt im Gebrauch ist, nur eine solche ist.

des Bewußtseins hinaus. Wie war er darüber hinaus gekommen? Durch die Thatsache: „Der Mensch hat das Vermögen zu negiren." Das heißt aber so viel, als: „Der Mensch überhaupt ist über die Schranke des Bewußtseins und Seins hinaus", und motivirt die Frage: „Wie ist der Mensch über diese Schranke hinausgekommen?", welche Frage eben, und mit derselben zugleich die Schranke unsers Bewußtseins, Hegel übersprang. — Und als er nun drüben zu sein meinte, da sahe er sich freilich nach dem Absoluten um, und erblickte nur das Nichtsein, das Nichts. Zugleich trat ihm aber diese Schranke in der Gestalt der subjektiven Unendlichkeit unsers Bewußtseins wieder entgegen. Unser Bewußtsein nämlich setzt sich vermöge seiner übernatürlichen Stellung immer eine Schranke, um darüber hinaus zu gehen, und geht über dieselbe hinaus, um sich wieder eine Schranke zu setzen u. s. f. Diese subjektive Unendlichkeit erscheint uns als unendlicher Raum und als unendliche Zeit. Unser Bewußtsein mag mit Millionen Meilen hinaus gehen in das, was wir den unendlichen Raum nennen, wir haben mit dieser Million eine Schranke gesetzt, so gut wie mit jeder einzelnen Meile und mit jedem einzelnen Zoll, und wir können über diese wieder hinausgehen mit Millionen, Milliarden und Centillionen Meilen; wir werden nie die Nothwendigkeit erreichen, damit aufzuhören. Ebenso können wir mit Jahren, Jahrtausenden, Millionen und Centillionen Jahren rückwärts in die Vergangenheit und vorwärts in die Zukunft hinausgehen, es wird derselbe Fall sein. Wie diese subjektive Unendlichkeit sich zum Raum und zur Zeit gestalten konnte, wird später untersucht werden; jetzt haben wir es mit derselben zu thun, nur sofern sie Hegeln zu verstehen gab, wie er schon über die Schranke des Seins zugleich hinaus und nicht hinaus sei. Hegel aber machte die Sache kurz. Er erklärte diese subjektive Unendlichkeit für die schlechte Unendlichkeit, und ohne weiter zu fragen, mit welchem Rechte er ein Gesetz der Natur aufheben könne, und ob ein solches Aufheben auch möglich sei, hob er dieses beständige Schrankensetzen, um darüber hinauszugehen, und darüber

Hinausgehen, um wieder die Schranke zu setzen, trotz der Unendlichkeit (d. h. Nothwendigkeit) desselben, auf, um zum Absoluten zu gelangen. Er täuschte sich aber. Hatte er das **bedingte Sein**, wie er glaubte, damit aufgehoben? Was hatte er denn? das unbedingte Sein, das Absolute? Nein, er hatte das Entgegengesetzte des Seins, das Nichtsein, das Nichts; denn er hatte das Nichtbewußtsein. Wie soll aber aus diesem Nichts das Absolute werden? Wohl ist, spricht Hegel in der Religionsphilosophie, der „Begriff" Sein als Begriff eine Abstraktion von **allem Seienden**; allein dieser Begriff „Sein", dieses allumfassende Allgemeine (mit einem Worte: dieser Begriff der Weltexistenz) ist keine Eigenschaft der sinnlich wahrnehmbaren Objekte, sondern das Setzen der Objekte mit allen ihren Inhärenzen. Es ist also nicht bedingt durch die Objekte, und darf darum keine bloße Abstraktion bleiben, sondern es ist, diese Objekte selbst bedingend und sie setzend, unabhängig von denselben, und muß deshalb als ein Concretes, und zwar als eine der Allheit des Begriffs „Sein" entsprechende **concrete Einheit**, oder als das objektiv reale, absolute Sein „Gott" aufgefaßt werden. Gott ist also das als concret aufgefaßte Allgemeine, die concrete Allheit. Hegel glaubte durch diesen Schluß die subjektiv nothwendige Voraussetzung der Einheit alles Existirenden realisirt zu haben.

Wir müssen aber noch folgende Fragen hinzufügen, deren Erwägung dem Leser überlassen bleibt.

1) Wenn dieses absolute und concrete Sein „Gott" ein dem allumfassenden **Begriff „Sein"**, d. h. dem Begriff der Weltexistenz entsprechendes Concretes ist, steht es alsdann nicht über der Natur, und kann es etwas Anderes sein, als der übernatürliche Gott?

2) Woher hatte Hegel die Machtvollkommenheit erhalten, seine schlechte Unendlichkeit und mit ihr die Schranke des menschlichen Bewußtseins aufzuheben? Durch das Vermögen zu negiren? Wie war er zu diesem Vermögen gekommen? Durch seine Vernunft? Dann mußte ja seine

Vernunft schon über der Bedingtheit durch die Natur stehen; er über die Schranke seines Bewußtseins hinaus sein. Wie war sein Bewußtsein zu dieser übernatürlichen Stellung gekommen, wenn das Uebernatürliche verneint wird, und wie können wir überhaupt zu der Möglichkeit gekommen sein, das Uebernatürliche zu verneinen?

3) Jeder Beweis des Daseins Gottes kann immer nur nachweisen, wie die Menschheit zum Gottesbewußtsein gekommen sein muß. Nun hat aber die Menschheit das Gottesbewußtsein schon seit beinahe 6000 Jahren. Kann die Menschheit wohl auf dem Wege dazu gekommen sein, den Hegel erst im neunzehnten Jahrhundert n. Chr. entdeckt hat?

Eine merkwürdige Antwort auf diese Fragen hat uns jedoch schon Feuerbach gegeben. Er sagt in seinen Grundsätzen der Philosophie der Zukunft: „Was im Theismus Objekt ist, das ist in der spekulativen Philosophie Subjekt." Gott ist weiter nichts, als die Vernunft selbst, die sich vermöge einer Täuschung außer sich gesetzt hat. „Stelle dir vor, ein denkendes Wesen auf irgend einem Planeten oder Kometen bekäme zu Gesichte die paar Paragraphen einer christlichen Dogmatik, welche von dem Wesen Gottes handeln. Was würde dieses Wesen aus diesen Paragraphen schließen? Etwa die Existenz eines Gottes im Sinne einer christlichen Dogmatik? Nein, es würde nur daraus folgern, daß auf der Erde denkende Wesen sind." Wenn dieser Bewohner eines Planeten oder Kometen aber statt der paar Paragraphen einer christlichen Dogmatik, die vom Wesen Gottes handeln, diese Behauptung Feuerbachs zu Gesicht bekäme, würde er wohl noch, wie aus jenem Paragraphen, daraus schließen können, daß es auf Erden denkende Wesen giebt? Unter den so mancherlei widersinnigen, gänzlichen Mangel tieferer, selbstständiger Denkfähigkeit verrathenden Erscheinungen, welche die Literatur unserer Tage bereichert haben, giebt es wohl kaum eine so eminente, als diese Philosophie Feuerbachs*). Und doch wurde er, wenn ich nicht

---

*) Doch ich muß hier einen Irrthum bekennen: Was Feuerbach in der

irre, als Lehrer der Philosophie an die Universität Heidelberg berufen; doch wurde sein Unsinn öffentlich als Erzeugniß eines kühnen Denkers gepriesen! — —

Und doch, oder vielmehr eben darum, spricht dieser Unsinn Feuerbachs indirekt und ohne daß der Producent desselben eine Ahnung davon hatte, als Antwort auf jene Fragen, eine schmerzliche Wahrheit aus. Er behauptet, Gott sei unsere Vernunft selbst, die sich vermöge einer Täuschung als Objekt außer sich gesetzt habe. Er hat damit den Glauben an die Subjektivität aller Religion auf die äußerste Spitze getrieben. Er hat die Religion (das Gottesbewußtsein) überhaupt nicht nur zu einer (subjektiven) Erfindung des menschlichen Denkens, sondern zu einem Ergebniß des Wahnsinns gemacht, und die Vernunft selbst, wie sie bisher das Leben der Menschheit gestaltet hat, für wahnsinnig erklärt.

Ein Irrthum ist Verwechselung der außer dem Ich gegebenen Objekte. Wenn ein Don Quixote diese Verwechselung so weit treibt, daß er eine Windmühle für einen Riesen ansieht: so wäre dies, sollte es als wirkliche Thatsache gelten, wohl schon mehr als ein Irrthum, der sich noch mit dem „errare humanum est" entschuldigen ließe. Was kann aber eine Vernunft sein, die sich selbst nicht mehr für sich selbst hält? Die Verwechselung des eignen Ichs mit einem der von außen gegebnen Objekte kann nur Folge von Geisteszerrüttung sein. Diese Nothwendigkeit ist bedingt durch das Grundverhältniß unsers Bewußtseins, denn das Ich ist eben dadurch Ich und Bewußtsein, daß es sich selbst Objekt ist und sich dadurch bestimmt scheidet von der objektiven Seite und den von außen gegebenen (oder objektiven) Objekten (s. S. 4 f.). Es kann also eine Selbstverwechselung des Ichs mit einem andern Objekt nur Folge der Störung des als Grundverhältniß unsers Bewußtseins erkannten Gegensatzes „Subjekt und Objekt" sein. Wenn nun ein Wahnsinniger in einem Irrenhause gegen einen die Anstalt Besuchenden über einen andern Wahnsinnigen, der sich

---

Philosophie ist, das ist Herr Prof. Schultz-Schultzenstein auf dem naturwissenschaftlichen Standpunkte.

für Gott den Sohn hielt, spottete, weil ja auch er darum wissen müßte, da er Gott der Vater sei: so verwechselte er doch immer noch sich selbst mit einem Objekt, das ihm als solches (durch den Religionsunterricht in seiner Jugend) gegeben war. Wenn aber, wie Herr Feuerbach will, die Vernunft sich selbst nicht nur mit einem Objekt außer sich, das ihr als solches gegeben wäre, soll verwechseln können; sondern, wenn die Täuschung, vermöge welcher sie sich selbst als Gott außer sich setzt, auch die Ursache des Gottesbewußtseins und der Religion sein soll; wenn sie also sich mit einem Objekt verwechseln müßte, das gar nicht existirt, sondern erst dadurch Objekt des menschlichen Bewußtseins werden sollte, daß die Vernunft sich selbst als dasselbe außer sich setzt; als was für ein besonnener und verständiger Mann muß uns dann immer noch der Ritter von La Mancha gegen den deutschen Professor der Philosophie Namens Feuerbach erscheinen, der die Frage: Wie ist die Menschheit zu dem Gottesbewußtsein gekommen? mit einer logischen und psychologischen Unmöglichkeit beantwortet!

Und doch ist Feuerbachs Unsinn die richtige Antwort auf die Fragen, welche ich der kurzen Darstellung des Hegel'schen Systems beigefügt habe. Denn sie ist consequentes Ergebniß aus der bisherigen Philosophie, namentlich aus Hegel'schen Prämissen. Ist das Sein (die Weltexistenz), die allumfassende Einheit des Existirenden, als concret aufgefaßte, das absolute Sein „Gott", und ist diese (die subjektiv nothwendige Voraussetzung der) Einheit eben das, was man die Vernunft genannt hat, und noch so nennt, dann ist Gott diese Vernunft, die sich außer sich gesetzt hat; nur daß Feuerbach das Concretauffassen dieses Seins für eine Täuschung erklärt, vermöge welcher die Vernunft sich selbst als das Objekt „Gott" außer sich setzt, und in sofern hat er unstreitig recht. Zugleich muß Feuerbach aber faktisch als Zeuge erkannt werden, daß die Wissenschaft bisher sich auf dem falschen Vernunftbegriff erbaut hat. Denn war selbst das letzte Ergebniß des bisherigen Philosophirens nicht einmal bloß Wahnsinn, sondern gar die Nothwendigkeit einer gänzlichen Unmöglichkeit, dann hat die bisherige Philosophie ihr letztes Absurdum erreicht, wodurch das bisherige Philosophiren factisch, als apagogische Beweisführung des bisherigen Irrthums, den Vernunftbegriff betreffend, vollendet wurde.

Daß eine solche Philosophie nicht Vollendung des menschlichen Gesammtbewußtseins werden konnte, läßt sich jetzt unstreitig a priori begreifen, auch giebt sich die innere Haltlosigkeit nur zu deutlich dadurch kund, daß keines von den Systemen, in denen doch die Vollendung des Gesammtbewußtseins der Menschheit vollzogen sein sollte, und zwar mit wissenschaftlicher Entschiedenheit, sich bleibend behaupten konnte; daß kein früheres durch das folgende widerlegt wurde, denn dadurch hätte die Wahrheit an den Tag kommen müssen; sondern daß jedes immer nur dem unklaren Gefühl der unbefriedigten Zeit erlag. Jetzt aber hat der Entwickelungsverlauf des großen weltgeschichtlichen Irrthums sein wirkliches Ziel und Ende erreicht. Die Philosophie hat auf den drei durch das Grundverhältniß des Bewußtseins gegebenen Standpunkten ihre Hypothesen erschöpft; das letzte Absurdum ist zu Tage gekommen. Sie kann auf dem bisherigen Wege nicht weiter. Sie hat auf jedem der drei durch das Grundverhältniß gegebenen Standpunkten ihre Hypothesen erschöpft; aber, wie gesagt, dieses Grundverhältniß selbst und der Begriff Bewußtsein, diese wirkliche erste Thatsache, zu untersuchen, fiel keinem dieser berühmten Denker ein. Dessen ungeachtet ist der Entwickelungsverlauf der modernen Philosophie nicht ohne tiefgreifende Einwirkung auf die Gestaltung des innern Lebens der Zeit geblieben. Bei dieser müssen wir noch einen Augenblick verweilen. Was die bisherige Philosophie mit ihren Experimenten in das Bewußtsein der allgemeinen Bildung hinein geworfen hat, verschwimmt jetzt in demselben zu einem idealistischen Glauben an den Begriff „Geist", wie der allgemeine Irrthum der Jahrtausende auf der Basis des falschen Vernunftbegriffs denselben sanctionirt hat. Der Inhalt dieses Glaubens ist wesentlich folgender.

Der Mensch kann und muß eigentlich das Höchste, die höchste Vollkommenheit denken. Dieses Höchste hat er „Gott" genannt. Der Gottgedanke ist eine Nothwendigkeit der Vernunft, eine Vernunftidee, Fatalismus des Denkens. Dies ist die Basis des Idealismus der Gegenwart, das, was der Zeitgeist durch die Philosophie gewonnen hat. Die Entwickelung und bestimmtere Gestaltung jenes Höchsten, des Gedankens „Gott", ist die Sache des menschlichen Denkens, und Ergebniß dieser Entwickelung sind alle Religionen und Religionssysteme, das Christenthum mit eingeschlossen. Sie alle sind Ergebnisse des menschlichen Denkens. — Es soll aber der höchste Gedanke zugleich Prinzip des menschlichen Wollens sein. Der Gedanke der höchsten Vollkommenheit soll sich zum Ideal ausbilden, und dieses Ideal soll realisirt werden. Die Realisirung ist aber wegen eines Mißgriffs bei der Herausbildung des Ideals bis jetzt nicht gelungen. Sie ist dadurch verhindert worden, daß die Menschheit sich getäuscht und die Idee der höchsten Vollkommenheit schon in einem übernatürlichen Subjekt (Gott) als realisirt angenommen und realisirt geglaubt hat. Sie war sogar genöthigt, um dieser Realisirung nun noch den Weg aus dem Uebernatürlichen in das Gebiet der natürlichen Wirklichkeit zu bahnen, einen Gottmenschen „Christus" als Mittler in die Geschichte eintreten zu lassen.

In Betreff der Frage, ob die Annahme dieser Realität des Begriffs der höchsten Vollkommenheit in einem übernatürlichen Gott eine Nothwendigkeit sei oder nicht, theilt sich in der Praxis des Idealismus in zwei Parteien, in die destructive und in die conservative. Beide lassen die Realität der höchsten Vollkommenheit in einem übernatürlichen Gott nur als einen Gedanken, als ein blos Gedachtes, als eine subjektive Erscheinung gelten; und sie können nicht anders, so bald sie das Uebernatürliche verneinen, wiewohl bei nicht Wenigen dieser Gedanke, als der Grund der Weltexistenz, als der geheimnißvolle, unbekannte Gott im Hintergrunde ihres Bewußtseins bleibt. Die erste Partei, die destructive, spricht aber: „Weg mit dem Gott!" Sie will dieses Hinderniß der Realisirung des Idealismus nicht länger dulden. Sie will die ganze Vergangenheit cassiren. In ihr lebt der Geist der Revolution, und wir vernahmen im Jahre 1848 ihre Stimme in der Paulskirche: „So lange die Menschheit noch mit einer Faser am Himmel hängt, ist keine bessere Zukunft zu hoffen." Die zweite Partei aber raisonnirt also: Der Gedanke der höchsten Vollkommenheit ist Vernunftidee, die Vernunft aber ist das, wodurch der Mensch eben Mensch ist. Der Mensch ist berufen, die Natur zu beherrschen, wer aber Etwas beherrschen soll, muß über demselben stehen. Um diese gleichsam übernatürliche Stellung einzunehmen, bedarf der Mensch des Gottesbewußtseins, d. h. die Idee der höchsten Vollkommenheit muß als objektive Realität gedacht werden. Auch muß der Mensch die Unsterblichkeit glauben, denn diese beiden Ideen Gott und Unsterblichkeit allein erhalten ihn in der Stellung über der Natur. Dann muß der Mensch aber auch sich selbst in jedem Andern, als einem vernünftigen und zur Herrschaft über die Natur berufenen Wesen ehren, und sich mit seinen Mitmenschen vereinigen, um das gemeinsame Wohl Aller durch Beherrschung der Natur zu schaffen. In dieser Gestalt stellt sich uns der Idealismus als Humanismus dar, und ist zugleich das conservative Prinzip der Zeit. Dieser Humanismus verwirft allen Umsturz, alles gewaltsame Zerstören des Bestehenden. Er will — und das ist das Beste an ihm, wenn er consequent dabei bleibt — er will, daß die Wahrheit durch und aus sich selbst, durch die Macht ihrer eignen Reife, zur Herrschaft komme. Während der destructive Idealismus, an jener Reife der Wahrheit und ihrer stillen Machtentwickelung verzweifelnd, die Menschen für das Ideal will, und Millionen Menschenleben der Gegenwart gegenüber der unendlichen Realität einer idealen Zukunft für nichts achtet, will der Humanismus das Ideal um der Menschen willen. Der Mensch und das Menschliche ist ihm der höchste Werth, dem das Ideal zu dienen hat. Die Bestialisirung fürchtend, will er die Menschen als Menschen conserviren. Der destructive Idealismus ist intolerant gegen alle Religion, denn er ist intolerant gegen alles Bestehende; der Humanismus ist tolerant. Er will jede Religion — Heidenthum, Judenthum, Islam, orthodoxes und heterodoxes Christenthum, — so lange sie in den Schranken der Humanität bleiben, geduldet wissen; denn immer giebt sich doch in ihnen das Streben kund, den höchsten Gedanken der Menschheit zu realisiren. Er selbst will religiös, ja selbst christlich religiös sein, so gut es irgend möglich ist, und sich mit der Humanität verträgt. Er billigt und lobt z. B. in gegenwärtiger Zeit die wohlthätigen Bestrebungen der innern Mission, auch wohl der Heidenmission, die Rettungsanstalten, Krankenpflege und was dahin gehört, sofern sie eben als Ausdruck der Humanität gelten können. Was aber die Gränzen dieser Humanität zu überschreiten scheint, gilt ihm als Fanatismus. Was ist aber das, was die Gränze bestimmt? Es ist das Wohlergehen und Wohlbefinden hier auf Erden; das materielle Interesse.

Dies führt uns aber aus diesem praktischen, d. h. angewandten, zum reinen Idealismus hinüber, wo wir ihn auf der Höhe seiner Entwickelung erblicken können. Er geht hier aus von dem Axiom, daß der Mensch nur in der Gesammtheit der Menschheit das sei, was er sein soll. Er ist nur der wahre Mensch, so weit er die Gesammtheit der Menschheit repräsentiren kann. Wie aber die Lebensdauer der ganzen Menschheit eine unendliche ist, so auch die Entwickelungsfähigkeit ihrer geistigen Kraft, also auch der Vernunft. Er behauptet die unendliche Perfectibilität der Vernunft. Es ist also die Aufgabe der Menschheit, sich immer mehr herauszuarbeiten aus der Befangenheit in dem Individuellen zur reinen Idee der Menschheit. Daher weg mit der Unsterblichkeit des Individuums! Weg mit dem Individuum „Gott"! Doch aber wird das Ideal der Vollkommenheit der Menschheit und ihres Lebenszustandes nie erreicht werden; denn das Streben darnach kann und darf nie aufhören. So wie die Dauer der Menschheit eine unendliche ist: so muß auch dieses ihr Streben ein unendliches bleiben; denn dieses beständige Fortschreiten zum Bessern ist der wahre und herrlichste Genuß der Vollkommenheit und die wahre Seligkeit des Menschen. Es ist dieses Fortschreiten ein beständiges Siegen, ein beständiger Triumph über das Böse, denn das Böse ist ja, wie auch Schleiermacher sagte, nur das weniger Gute. Wie die Vollkommenheit unendlich ist, so ist sie auch unbegränzbar, und ihre Totalität als Einheit unumfaßbar. Jedes Individuum aber soll in dieser Idee der Vollkommenheit aufgehen. Dies ist seine wahre Selbstverleugnung und Demuth, als Selbstvernichtung, und sein Tod ist die objektive Wirklichkeit dieser Selbstvernichtung. Der eigentliche Höhepunkt seines Lebens, die Seligkeit, ist das Bewußtsein, die Idee der Vollkommenheit in sich erlebt, den ihm zu Theil gewordenen Sieg der Idee genossen zu haben, und endlich die Vollendung desselben durch die freudige Ergebung in die Vernichtung der eigenen Individualität durch den Tod als des Sieges der Idee über den Individualismus zu feiern, die dadurch von einem gealterten, zum fernern Siege unfähig gewordenen Individuum befreit wird, um durch ihre Wiedergeburt in jugendlich frischen Individuen zu immer größern Siegen fortzuschreiten. Die Idee bezeichnet ihren Siegeslauf mit den Leichen und Gräbern der Individuen, wo sie den Individualismus der Verwesung überläßt.

Wie auch selbst das Christenthum in diesen Idealismus umgestaltbar und wirklich umgestaltet ist, darf nur mit wenigen Stichwörtern angedeutet werden. Christus selbst eine Erscheinung des von dem Uebernatürlichen noch nicht frei gewordenen Idealismus. — Sein Kreuzestod der Sieg der Idee und des Idealen über den Individualismus, verschleiert noch durch übernatürliche Hoffnungen — die Selbstvernichtung und Selbstverleugnung, die Ertödtung des Fleisches, d. h. des Individuellen, die Nachfolge Christi und das Aufgehen in dem Ideal Christus (nicht ich lebe, sondern Christus lebt in mir). — Das Walten des Geistes, d. h. der Idee — die Auferstehung Christi, die symbolische Auferstehung der frei gewordenen Idee aus dem Grabe der frühern Individualität zum erneuerten siegreichen Fortschreiten in der wiedergeborenen

Generation, und die Himmelfahrt, das Aufgehen der Individualität in der Unendlichkeit.

Ich bin überzeugt, daß ich dem Idealismus unserer Zeit hier den Spiegel der Wahrheit vorhalte, in welchem er sich erkennen muß, wie er wirklich ist. So glänzend und großartig dieser Idealismus auch erscheint, und so augenscheinlich er die Macht in sich trägt, jugendliche, für das Edle und Große leicht zu enthusiasmirende Gemüther zu überwältigen und zu revolutionärem Fanatismus anzuregen — seine Wahrheit ist nur Schein. Zugegeben Alles, was er voraussetzen muß, selbst die unendliche Perfectibilität der Vernunft oder vielmehr eben diese — muß diese Vernunft nicht zuletzt über sich selbst zum klaren Bewußtsein kommen? Dies ist die durch ihre Perfectibilität selbst gegebene Nothwendigkeit. Sie muß über das wahre Verhältniß der Subjektivität und Objektivität ins Klare kommen und zu der Ueberzeugung gelangen, daß, wenn die Verneinung des Uebernatürlichen Wahrheit ist, sie weiter nichts haben kann, als das Wissende, das Subjekt und die sinnlich wahrnehmbaren Objekte, also nichts als die Natur, und daß dieser Idealismus sich nothwendig in den reinen Naturalismus auflösen muß.

Doch abgesehen von dieser apriorischen Nothwendigkeit, die nur wieder, falls wir tief genug in die Bedingtheit unsers Bewußtseins eingehen, zur Enttäuschung, also zur Erkenntniß der Wahrheit führen muß — giebt schon, trotz ihrer Unklarheit und Verworrenheit, die Gegenwart, in der wir leben, das Erliegen des Idealismus unter der Macht der objektiven Wirklichkeit sich kund in der Art, wie der Zeitgeist in der Naturwissenschaft objektive Haltung gewinnen will. Was kann die Naturwissenschaft der nach Wahrheit ringenden Zeit gewähren? Die Naturwissenschaft will die Naturphänomene erklären, d. h. sie will die Bedingtheit eines jeden durch den Zusammenhang des Naturganzen gleichsam als nothwendiges Ergebniß der Structur dieses Ganzen nachweisen*). Dann muß das Einheitsprinzip desselben, die Grundbedingung

---

*) Vgl. meine „33 Artikel gegen den Grundirrthum der Zeit" Art. 11.

aller Bedingtheit erforscht werden, von welcher aus das Bedingen sich verzweigt bis in die kleinsten Einzelnheiten alles Seins und Werdens, und auf welche die Bedingtheit eines jeden Phänomens sich zurückführen läßt. Wird diese Grundbedingung gefunden, dann ist der zureichende Grund für die ganze Welt gefunden, welcher rein durch sich selbst die Existenz des übernatürlichen Gottes ausschließt. Der Gott, der da spricht, so geschieht's, und der da gebeut, so steht's da, ist und kann nicht das wissenschaftliche Erklärungsprinzip des Naturzusammenhanges sein, eben weil er der übernatürliche ist. Ist aber die Grundbedingung des Naturzusammenhanges innerhalb der Natur selbst gefunden, als der zureichende Grund der Weltexistenz, dann ist sie auch immer dieser zureichende Grund gewesen und wird es auch immer sein; denn es ist alsdann durchaus kein Grund vorhanden, warum sie es jemals sollte nicht gewesen sein, und jemals sollte aufhören, es zu sein. Sie wäre dann ja nicht der zureichende Grund. Die Natur ist jedenfalls alsdann ein absolutes Werden ohne Anfang und Ende. Das Alles vergißt man aber über der Pracht und Herrlichkeit des — Kosmos.

Wir kommen jetzt auf ein Werk zu sprechen, das in unsern Tagen eine Wichtigkeit erlangt hat, die wir hier nicht übersehen dürfen. Die Geschichte unserer deutschen Nation läßt uns in den letzten Jahrhunderten gewisse Zeiten geistiger Erregung wahrnehmen, die ihre Eigenthümlichkeit durch großartige, allgemein gefeierte Erscheinungen in der Literatur bezeichnen. Bis gegen die Mitte des achtzehnten Jahrhunderts behauptete die Bibel, d. h. die Uebersetzung D. Martin Luthers, sich als eine Macht über das Leben eines großen Theils der deutschen Nation, vor der selbst der katholische Theil derselben schweigen mußte. Es entwickelte sich aber während der Gallomanie der vornehmen Welt nach und nach das Studium der griechischen Klassiker zur Hellenomanie und bezeichnete die Herrschaft derselben durch die Vossische Uebersetzung des Homer. Dann kam die Zeit der Germanomanie, die Zeit des Deutschthums mit dem

Nibelungenlied an der Spitze, und jetzt ist der Kosmos des Herrn von Humboldt an der Tagesordnung. Die deutsche Nation, von der durch Unklarheit und confessionellen Hader gelähmten Macht der Reformation im Stich gelassen, suchte für ihre geistige Entwicklung Hülfe in der vorchristlichen Herrlichkeit des Südens, wandte sich dann nach dem germanischen Norden, und will endlich, alle Geschichte aufgebend, bei der unmittelbaren Wirklichkeit der Natur oder Welt stehen bleiben. Diesem eigenthümlichen Entwickelungsgange des deutschen Bildungstriebes, sowie der Richtung, welche dieser zuletzt nahm, verdankt es der Kosmos des Herrn von Humboldt, daß er gewissermaßen zu einer geistigen Macht geworden ist, als ein Entgegengesetztes gegen die Bibel, des Naturalismus gegen die übernatürliche Offenbarung. Wie weit der Verfasser selbst die Schuld dieser Bedeutung trägt, und wie weit sie wieder das Product des Zeitgeistes ist, muß sich durch eine unparteiische Untersuchung ergeben. Wir wollen zuerst vernehmen, was Herr von Humboldt selbst über sein Werk sagt.

In der Vorrede erklärt der Verfasser, daß ihm das Bild seines Werks, wie er es dem deutschen Publicum übergebe, in unbestimmten Umrissen fast ein halbes Jahrhundert lang vor der Seele schwebte; daß er es in manchen Stimmungen für unausführbar gehalten und aufgegeben habe, und wieder zu seinem Vorhaben zurückgekehrt sei. Er widme es seinen Zeitgenossen mit Schüchternheit aus gerechtem Mißtrauen in das Maß seiner Kräfte.

Diese Erklärung ist nicht etwa nur Ergebniß der affectirten Bescheidenheit eines Mannes, der um den Ruhm der Bescheidenheit zu erlangen eine solche Erklärung schon wagen darf, weil er in dem unangefochtenen Rufe steht, über allen Tadel erhaben zu sein, nein, sie ist wirklicher Ausdruck einer tiefgefühlten Verlegenheit. Es spricht sich in dieser edlen Aufrichtigkeit das Vorgefühl aus, man werde die Bedeutung seines Werkes mißverstehen können.

Er bemerkt sodann, daß seine naturwissenschaftlichen Studien, als Vorbereitung zu einer großen Reiseexpedition, immer einen höhern Zweck gehabt hätten. „Was mir", sagt er, „den Hauptantrieb gewährte, war das Bestreben, die Erscheinungen der körperlichen Dinge in ihrem allgemeinen Zusammenhange, die Natur als ein durch innere Kräfte bewegtes und belebtes Ganzes aufzufassen."

Hier zeigt sich uns der Schlüssel zum Verstehen der Stimmungen, die ihn so lange schwankend erhalten hatten zwischen dem Drange, das Bild seines Werkes auszuführen, und zwischen der gefürchteten Unmöglichkeit dieser Ausführung. Daß ein Mann, wie Hr. v. Humboldt, der einen so großen Theil seines Lebens darauf verwendet hat, unter allen Zonen die Herrlichkeit des Kosmos mit eignen Augen zu sehen, das Bedürfniß fühlen mußte, die Totalität seiner Anschauungen in einem allumfassenden Bilde darzustellen, war gewissermaßen eine Art Nothwendigkeit. Wer wird nicht dem Resultate der Thätigkeit, welcher er sein ganzes Leben gewidmet hatte, bleibende Gestaltung und Haltung für die ganze Zukunft zu geben wünschen! Wie aber sollte diese Darstellung vollzogen werden — welche Bedeutung und welchen Zweck sollte sie haben? Dies war die Frage, über welche der Verfasser des Kosmos auf seinem Standpunkte sich nicht klar werden konnte. Ein großes Tableau der Welt- und Natur-Anschauung für die Phantasie, wie die eigne Anschauung sie ihm gegeben hatte, sollte sie nicht sein. Von seinen „Ansichten der Natur", welche nach seiner Rückkehr aus Mexico erschienen waren, sagt er selbst, „sie hätten mehr durch das gewirkt, was sie in empfänglichen, mit Phantasie begabten jungen Gemüthern erweckt hätten, als durch das, was sie wirklich geben konnten. Er wollte also mehr geben. Er wollte die Natur als ein durch innere Kräfte bewegtes und belebtes Ganzes, und zwar in ihrem innern Zusammenhange auffassen und darstellen. Hätte er das Grundgesetz unsers Bewußtseins gekannt, dann würde er auch über die Bedeutung und den Zweck seiner Darstellung zum bestimmten Bewußtsein gekommen sein. Daß er diese Erkenntniß nicht haben konnte, ergiebt sich nothwendig schon daraus, daß bis jetzt im

Gebiete der Wissenschaft noch Niemand sie hat; daß er sie nicht hatte, spricht sich überall in seinem Kosmos aus. So fehlte ihm der wahre Begriff „Natur." „Die Natur", sagt er Th. I. S. 5. 6, „ist für die denkende Betrachtung Einheit in der Vielheit, Verbindung des Mannigfaltigen in Form und Mischung, Inbegriff der Naturdinge und Naturkräfte, als ein lebendiges Ganzes." Haben wir hier nicht eine Vielheit ohne Einheit in dem Begriff „Natur" selbst? Und doch soll die Natur die Einheit in der Vielheit sein!? — Ebenso mußte ihm nun auch nothwendig die Unterscheidung der Begriffe „Natur" und „Welt" fehlen, der erstern, der Totalität des sinnlich Wahrnehmbaren, als Totalität der Bedingtheit und Wechselwirkung, und der andern als der unendlichen Größe, — eine Unklarheit, die sich hinsichtlich der Bedeutung des Mathematischen in der Naturwissenschaft nur zu oft bemerkbar macht. So weiß er natürlich auch nicht, wie die Natur sich zu dem Geistigen verhält, und läßt Th. I. S. 69 es dahin gestellt sein, „ob die Natur dem Bereich des Geistigen entgegenzusetzen sei, als wäre das Geistige nicht auch in der Natur enthalten, oder ob man die Natur der Kunst entgegen stellen könne, letztere in einem höhern Sinne als den Inbegriff aller geistigen Productionskraft der Menschheit betrachtet."

Das Schlimmste jedoch, aber als eine, wenn auch mißgeborne, Nothwendigkeit Unüberwindliche ist die Unklarheit über den Begriff „Einheit in der Vielheit" selbst. Sie sprach sich schon in dem aus, was Herr von Humboldt über den Begriff „Natur" sagt, und tritt bei sehr vielen andern Gelegenheiten zu Tage heraus. Sie kann unstreitig nur identisch sein mit der von mir nachgewiesenen subjektiv nothwendigen Voraussetzung der Einheit alles sinnlich Wahrnehmbaren, deren genetische Erklärung ich bereits ausführlich genug gegeben habe. Wir wissen jetzt, wie wir zu dieser subjektiv nothwendigen Voraussetzung gekommen sind (s. S. 7 u. 9), wie und weshalb sie Anspruch auf objektive Realisirung macht, und wie die Naturwissenschaft, ebenso, wie die Philosophie, oder mit einem Worte: wie die Wissenschaft in Folge der Verneinung des Uebernatürlichen, sowie der Annahme, daß das Subjekt unsers Bewußtseins als Geist unabhängig und nicht bedingt sei durch die sinnlich wahrnehmbare Objektivität, also durch die Natur, diese Realisirung nur als Allwissenheit gewinnen könne (s. S. 11 ff.). Wir kennen aber auch die Schranken unsers Bewußtseins und damit zugleich a priori die Unmöglichkeit einer solchen Realisirung. Berechtigt waren wir wohl einigermaßen, uns zu wundern, daß Herr v. Humboldt nicht zu der Frage veranlaßt wurde: Wie ist die Natur für die denkende Betrachtung die Einheit in der Vielheit geworden, wenn diese erst durch die Wissenschaft objektiv realisirt werden muß? Jedoch wir hören auf uns zu wundern, wenn wir bedenken, daß bis jetzt noch Niemand dazu kommen konnte, sich die eben erwähnte Frage vorzulegen, und wenn wir sehen, unter welchen Vorstellungen sich die subjektiv nothwendige Voraussetzung der Einheit des sinnlich Wahrnehmbaren, als der Einheit im Vielen bei dem Verfasser des Kosmos versteckt. So beruft er sich S. 16 auf „ein dumpfes schauerliches Gefühl von der Einheit der Naturgewalten, von dem geheimnißvollen Bande, welches das Sinnliche mit dem Uebersinnlichen (?) verknüpft, und das selbst wilden Völkern eigen ist." So spricht er S. 80 von „einem ahnungsvollen Eindringen in das Spiel dunkelwaltender Mächte." So erklärt er S. 66 u. 67 den Verlauf des empirischen Forschens, indem er sagt: „Es beginnt dasselbe von vereinzelten Anschauungen, die man gleichartig sondert und ordnet. Von dem Beobachten wird fortgeschritten zum Experimentiren, zum Hervorrufen der Erscheinungen unter Bedingnissen, nach leitenden Hypothesen, d. h. nach dem **Vorgefühl von dem innern Zusammenhange der Naturdinge und Naturkräfte**." Herr v. Humboldt weist uns also in den dunkeln Hintergrund des Bewußtseins zurück, wo unter dem Namen der Ahnungen, der Gefühle und Vorgefühle sich alles das regt, was die Verneinung des Uebernatürlichen in dieses Dunkel zurückgedrängt hat, welches aber jetzt die Quelle alles Mysticismus und Aberglaubens ist.

Nach jener Erklärung der Bedeutung seines Kosmos in der Vorrede fügt er in Beziehung auf seine naturwissenschaftlichen Studien noch hinzu: „Ich war durch den Umgang mit hochbegabten Männern früh zu der Einsicht gelangt, daß ohne den Hang nach Kenntniß des Einzelnen alle große und allgemeine Weltanschauung nur ein Luftgebilde sein könne" — und deutet aus dem Beispiele der Vertheilung der Pflanzen auf dem Erdboden die Möglichkeit an, wie der Zusammenhang in dem Naturleben aufzufinden sei. Er wollte also von der unmittelbaren Wirklichkeit ausgehen. Er bekennt sich mehrmals zu der Intention, die Natur in ihrem Zusammenhange als ein durch innere Kräfte bewegtes und belebtes Ganzes, nicht, wie er Th. I. S. 31 sagt, durch Ableitung aus wenigen, von der Vernunft gegebenen Grundprinzipien darzustellen. Er verzichtet darauf, für sein Werk die rationelle Wissenschaftlichkeit zu beanspruchen, und erklärt dasselbe für die denkende Betrachtung der durch Empirie gegebenen Erscheinungen als eines Naturganzen, in dem er sich zu einer ganz objektiven Richtung seiner Sinnesart bekennt. „Ich wage mich nicht auf ein Feld, nämlich auf ein Feld apriorischer Begründung, das mir fremd ist, und vielleicht von Andern erfolgreicher bebaut wird. Ebenso erklärt Hr. v. H. Th. I. S. 68: daß er sich auf empirische Betrachtung beschränke. „Sie ist", sagt er, „der alleinige Boden, auf dem ich mich weniger unsicher zu bewegen verstehe. Die Behandlung schließt aber nicht die Anordnung nach leitenden Ideen, die Verallgemeinerung des Besondern, das stete Forschen nach empirischen Naturgesetzen aus." — „Ein denkendes Erkennen, ein vernunftmäßiges Begreifen des Universums würden allerdings ein erhabeneres Ziel darbieten." Er gesteht also, daß es für die Naturwissenschaft noch ein höheres Ziel geben müsse, als das blos empirische Forschen; aber was für ein Ziel soll dies sein? Das vernunftmäßige Begreifen des Universums (!). Ich frage wiederholt: Was ist das Begreifen des Universums, wenn es nicht Allwissenheit ist? „Ich bin weit entfernt davon, Bestrebungen, in denen ich mich nicht versucht habe, darum zu tadeln, weil ihr Erfolg sehr zweifelhaft geblieben ist", fährt Hr. v. H. fort, und deutet dann auf den zweifelhaften Erfolg hin, welchen die mannigfaltig mißverstandenen naturphilosophischen Systeme nur dadurch gehabt hätten, daß sie von den ernsten und mit dem materiellen Wohlstande so nahe verwandten Studien mathematischer und physikalischer Wissenschaften ablenkten. „Der berauschende Wahn des errungenen Besitzes", sagt er dann, „eine abenteuerlich symbolisirende Sprache, ein Schematismus, enger, als ihn je das Mittelalter der Menschheit aufgedrängt, haben, in jugendlichem Mißbrauch edler Kräfte, die heitern und kurzen Saturnalien eines rein ideellen Naturwissens bezeichnet. Ich wiederhole den Ausdruck: Mißbrauch der Kräfte; denn ernste, der Philosophie und Beobachtung gleichzeitig zugewandte Geister sind jenen Saturnalien fremd geblieben." Er fügt dann noch die allerdings merkwürdige Wahrheit hinzu: „Der Inbegriff von Erfahrungskenntnissen, und eine in allen ihren Theilen ausgebildete Philosophie der Natur (falls eine solche Ausbildung je zu erreichen ist), können nicht in Widerspruch treten, wenn die Philosophie der Natur, ihrem Versprechen gemäß, das vernunftmäßige Begreifen der wirklichen Erscheinungen im Weltall ist." Ich nenne dies eine Wahrheit, sofern das, was in dieser Behauptung als nothwendig bezeichnet ist, unter der in der Parenthese eingeschalteten Voraussetzung, auch wirklich stattfinden müßte. Ganz ohne Einschränkung wahr bleibt darum aber noch die Bemerkung, womit dieses Raisonnement schließt: „Wo der Widerspruch sich zeigt, liegt die Schuld entweder in der Hohlheit der Speculation, oder in der Anmaßung der Empirie, die mehr durch die Erfahrung erwiesen glaubt, als durch dieselbe begründet ist." Wahrscheinlich wohl auch in beiden zugleich.

Auch Th. III. 9 wiederholt Hr. v. H. seine Erklärung des Grundgedankens seines Werks. „Das Grundprinzip (desselben) — —, ist: Die Welterscheinungen als Naturganzes aufzufassen; zu zeigen, wie in einzelnen Gruppen dieser Erscheinungen, die ihnen gemeinsamen Bedingnisse, d. i. das Walten großer Gesetze, erkannt worden sind; wie man von den Gesetzen zur Erforschung ihres ursprünglichen Zusammenhanges aufsteigt. Ein solcher Drang nach dem Verstehen des Weltplans, d. h. der Naturordnung, beginnt mit Verallgemeinerung des Besondern, mit Erkenntniß der Bedingungen, unter denen die physischen Veränderungen sich gleichmäßig wiederkehrend offenbaren; er leitet zu der denkenden Betrachtung dessen, was die Empirie uns darbietet, nicht aber zu einer Weltansicht durch Speculation und alleinige Gedankenentwickelung, nicht zu einer absoluten Einheitslehre in Absonderung von der Erfahrung."

Schon im ersten Theile (S. 31 u. 32), wo er von der objektiven Richtung seiner Sinnesart sprach, sagte er: „Die Einheit, welche der Vortrag einer physikalischen Weltbeschreibung, wie ich mir dieselbe begränzte, erreichen kann, ist nur die, welcher sich geschichtliche Darstellungen zu erfreuen haben — — Weltbeschreibung und Weltgeschichte stehen daher auf derselben Stufe der Empirie." Er wollte also seine Darstellung des Naturganzen so angesehen wissen, wie die Geschichte unter dem Namen der pragmatischen behandelt wird. Er nennt sie daher eine Weltbeschreibung, und unterscheidet sie (Th. III. S. 10) von der Welterklärung, indem er gesteht, daß die physische Weltbeschreibung nur in einzelnen Theilen Welterklärung sei, und daß beide Ausdrücke noch nicht identisch sein dürfen. Wohl stehen Weltbeschreibung und Weltgeschichte in sofern auf derselben Stufe der Empirie, als, soll die Verneinung des Uebernatürlichen gelten, auch die Geschichte ebenso, wie die Weltbeschreibung, nur in einzelnen Gruppen gesetzliche Einheit aufzufinden vermag, und nie Welt-, sondern nur Völkergeschichte sein kann. Gilt aber das Uebernatürliche als Wahrheit, dann wird die Weltgeschichte auch zugleich zur Welterklärung. Merkwürdig ist aber die Art, wie Hr. v. H. meint, daß doch wohl die Weltbeschreibung noch zur Welterklärung werden könne. Er sagt eben daselbst S. 32: „Einzelheiten der Wirklichkeit, sei es in der Gestaltung oder

Aneinanderreihung der Naturgebilde, sei es in dem Kampfe des Menschen gegen die Naturmächte oder der Völker gegen die Völker, Alles, was dem Felde der Veränderlichkeit und realer Zufälligkeit angehört, kann nicht aus Begriffen abgeleitet (construirt) werden", und er hat darin recht. Und nun schließt er eben: „Weltbeschreibung und Weltgeschichte stehen auf derselben Stufe der Empirie." „Aber", fährt er fort, „eine denkende Behandlung beider, eine sinnvolle Anordnung von Naturerscheinungen und von historischen Begebenheiten, durchdrungen tief mit dem Glauben an eine alte innere Nothwendigkeit, die alles Treiben geistiger und materieller Kräfte, in sich ewig erneuernden, nur periodisch erweiterten oder beengten Kreisen beherrscht — sie führen (und diese Nothwendigkeit ist das Wesen der Natur selbst in beiden Sphären des Seins, der materiellen und geistigen) zur Klarheit (???!!!) und Einfachheit der Ansichten, die in der Erfahrungswissenschaft, als das letzte Ziel menschlicher Forschung erscheinen." Also der Glaube an die alte innere Nothwendigkeit — der Glaube — der Glaube! — Wo ist hier Klarheit!!

Ueberblicken wir nun dies Alles mit unbefangenem Wahrheitssinne, und lesen wir sodann noch, wie oft der Verfasser selbst die Möglichkeit bezweifeln muß, die Einheit in der Vielheit zu realisiren; wie er z. B. S. 65 sagt, „die Vielheit der Erscheinungen des Kosmos in der Einheit des Gedankens, in der Form eines rationalen Zusammenhanges zu umfassen, kann, meiner Einsicht nach, bei dem jetzigen (?) Zustande unsers empirischen Wissens nicht erlangt werden. Erfahrungswissenschaften sind nie vollendet. Die Fülle sinnlicher Wahrnehmungen ist nicht zu erschöpfen; keine Generation wird je sich rühmen können, die Totalität der Erscheinungen zu übersehen. Nur da, wo man die Erscheinungen gruppenweise sondert, erkennt man in einzelnen Gruppen das Walten großer und einfacher Naturgesetze ꝛc." — und S. 67: „Wir sind noch weit von dem Zeitpunkt entfernt, wo es möglich sein könnte, alle unsere sinnliche Wahrnehmungen zur Einheit des Naturbegriffs zu concentriren.

Es darf zweifelhaft genannt werden, ob dieser Zeitpunkt jemals herannahen wird. Die Complication des Problems und die Unermeßlichkeit des Kosmos vereiteln fast die Hoffnung dazu." — wenn wir, wie gesagt, dies Alles unbefangen betrachten: so erscheint uns der berühmte Mann in einem beständigen Kampfe mit der unverkennbaren Verlegenheit, seinem Leser über die wahre Bedeutung und den Zweck seines Werks zu einer recht bestimmten und klaren Vorstellung zu verhelfen, was ihm unstreitig deshalb nicht gelungen ist, weil er selbst darüber nicht im Klaren sein konnte. Wir erblicken hier einen Mann, beseelt von dem Drange nach hoher, allumfassender Erkenntniß. Auf seinem, d. h. auf dem wissenschaftlichen Standpunkte seiner Zeit, bietet sich ihm nur die Welt oder Natur, die objektive Wirklichkeit und die Naturwissenschaft, wie sie in ihren verschiedenen Disciplinen sich gestaltet hat. Allein diese Vereinzelung genügt ihm nicht. Er will sie als ein lebendiges Ganzes umfassen. Er geht hinaus, um mit eignen Augen die Welt zu sehen. Der Westen und Osten, der Norden und Süden zeigt ihm die Natur in ihren Erscheinungen, in der Verschiedenheit ihrer Gestaltungen. Er schaut die großartigen Bewegungen des Meeres, bringt in die Urwälder ein, wandert in den weiten Prairien, bewundert die üppige Fülle der tropischen Zone, weilt auf den Höhen der Gebirge und besteigt den Chimborazo. Tief, aber dunkel, ohne sie zu verstehen, fühlt er in sich die übernatürliche Stellung des menschlichen Bewußtseins; denn er bewegte sich gleichsam über der Natur. Die Folge ist: Es schwebt ein Bild des Ganzen seiner mannigfaltigen Anschauungen, wie er selbst sagt, in unbestimmten Umrissen vor die Seele, aber über seine Stellung zu demselben kann er sich nicht klar werden. Er will eben so wenig ein bloßes Tableau der Naturgebilde und Naturerscheinungen für die Phantasie, als ein philosophisches Luftgebilde geben. Was er darstellen will, soll denkende Betrachtung der Natur sein, eine pragmatische, erklärende Beschreibung der Welt, eine Darstellung der Natur als ein von innern Kräften bewegtes und belebtes Ganzes. Aber dann muß er die Einheit der Unendlichkeit umfassen. Um seiner Weltbeschreibung den pragmatischen Charakter zu geben, mußte er doch zu der Wissenschaft, wie sie sich ihm bot, als Naturbeschreibung, Geographie, Geognosie, Physik, Physiologie und Astronomie seine Zuflucht nehmen. Die subjektive Unendlichkeit des menschlichen Bewußtseins, die immer über die Schranke desselben und der Natur hinausgeht, um die Schranke zu setzen, und sich die Schranke setzt, um darüber hinauszugehen, blickt aus dem Kampfe des Hrn. v. H. mit der Empirie hervor, und scheint bei ihm psychologisch im Hintergrunde zu liegen. Er will die Unendlichkeit umfassen, und trifft immer auf die Schranken der Empirie, er geht immer wieder darüber hinaus, ohne über diese Schranke hinwegzukommen. Er fühlt sich befangen in der schlechten Unendlichkeit Hegels, aber vermöge seines Standpunktes kann und darf er den philosophischen Handstreich desselben nicht wagen.

Merkwürdig sind nun die Worte des berühmten Mannes Th. II. S. 81, wo er, nachdem er ebenfalls wieder erkannt hat, das Auffinden der Einheit in der Totalität der Erscheinungen müsse unvollständig bleiben, zuletzt gestehen muß: „Neben der Freude an der errungenen Erkenntniß liegt, wie mit Wehmuth gemischt, in dem aufstrebenden, von der Gegenwart unbefriedigten Geiste die Sehnsucht nach noch nicht aufgeschlossenen, unbekannten Regionen des Wissens."

Nachdem wir so die Stellung des Verfassers des Kosmos zu der Wissenschaft seiner Zeit geprüft haben, müssen wir auf die Beantwortung einer andern Frage eingehen, welche, wo sie in Beziehung auf irgend Jemand sich vernehmen läßt, von der heutigen Toleranz immer mit Unwillen gerügt wird. Wie ist des berühmten Verfassers des Kosmos Stellung zur Bibel und zum Christenthum? Er selbst, wie wir sehen werden, motivirt diese Frage, durch die Art, wie er sich in seinem Kosmos darüber ausspricht, als eine Nothwendigkeit, und zwar als eine, die um so dringender ist, weil grade der Ton, den er jedesmal in dieser

Hinsicht anschlägt, das Meiste dazu beigetragen hat, sein Werk in der öffentlichen Meinung zu einer Macht zu erheben. Ehe ich jedoch seine Stellung zur Bibel, und zwar zunächst zum A. T. in ihr gehöriges Licht setze, muß ich den Leser bitten, eine Stelle in dem Kosmos Th. I. S. 82 im Auge zu behalten. Der Verfasser hat von dem gesprochen, was den ernsten Forscher erfreut, und sagt sodann: „Unbefriedigter bleibt der Naturdichter, unbefriedigt der Sinn der neugierigen (?) Menge. Beiden erscheint heut die Wissenschaft wie verödet*), da sie viele der Fragen mit Zweifel, oder gar als unauflöslich zurückweist, die man ehemals beantworten zu können wähnte."

Im zweiten Theil des Kosmos (S. 45) lesen wir Folgendes: „Es ist ein charakteristisches Kennzeichen der Naturpoesie der Hebräer, daß, als ein Reflex des Monotheismus, sie stets das Ganze des Weltalls in seiner Einheit umfaßt, sowohl das Erdenleben, als die leuchtenden Himmelsräume. Sie weilt seltener bei dem Einzelnen der Erscheinung, sondern erfreut sich der Anschauung großer Massen. Die Natur wird nicht geschildert als ein für sich Bestehendes, durch eigne Schönheit Verherrlichtes; dem hebräischen Sänger erscheint sie immer in Beziehung auf eine höher waltende geistige Macht. Die Natur ist ihm ein Geschaffnes, der lebendige Ausdruck der Allgegenwart Gottes in den Werken der Sinnenwelt. Deshalb ist die lyrische Dichtung der Hebräer schon ihrem Inhalte nach großartig und von feierlichem Ernst; sie ist trübe und sehnsuchtsvoll, wenn sie die irdischen Zustände der Menschheit berührt. Bemerkenswerth ist auch noch, daß diese Poesie trotz ihrer Größe, selbst im Schwunge der höchsten durch den Zauber der Musik hervorgerufenen Begeisterung fast nie maßlos, wie die indische Dichtung wird. Der reinen Anschauung des Göttlichen hingegeben, sinnbildlich in der Sprache, aber klar und einfach in den Gedanken, gefällt sie sich in Gleichnissen, die, fast rhythmisch, immer dieselben wiederkehren."

---

*) Ob Hr. v. H. wohl auch an die Götter Griechenlands von Schiller dachte?

S. 46 bekennt er: „Man möchte sagen, daß in dem einzigen 104. Psalm das Bild des ganzen Kosmos dargelegt sei. S. 48 stimmt er der Ansicht bei, die das Buch Hiob für die vollendetste Dichtung hält, welche die hebräische Poesie hervorgebracht hat; rühmt S. 169 die kriegerische Begeisterung in der Poesie bei Josua und Samuel, und das Buch Ruth, mit Göthe, als das Lieblichste, das uns episch und idyllisch überliefert worden ist.

Also „die Natur wird nicht geschildert als ein für sich Bestehendes, durch eigne Schönheit Verherrlichtes; dem hebräischen Sänger erscheint sie immer in Beziehung auf eine höher waltende Macht." Das heißt aber, der klaren Erkenntniß der Wahrheit gemäß, ohne allen ästhetischen Firniß ausgedrückt: „die Natur ist nicht ein für sich bestehendes, absolutes Werden ohne Anfang und Ende, der hebräische Sänger kein Naturalist, und die höher waltende geistige Macht, in Beziehung auf welche demselben die Natur immer erscheint, keine andere als der übernatürliche Gott." Hr. v. H. bestätigt diese meine Berichtigung auch selbst, indem er unmittelbar hinzufügt: „Die Natur ist (dem hebr. Sänger) ein Geschaffnes, also nicht ein absolutes, unendliches Werden, ein ohne Anfang und Ende Existirendes; nur das könnte sie aber sein, wäre sie ein Nichtgeschaffnes. Ist aber die Natur, wie es gleich nachher heißt, „der lebendige Ausdruck der Allgegenwart Gottes in den Werken der Sinnenwelt": so spricht sich in diesen Worten eigentlich etwas Anderes aus, als der Verfasser sagen wollte. Wiewohl man sogleich fragen könnte: „Wenn die Natur der lebendige Ausdruck der Allgegenwart Gottes sein soll, ist denn die Allgegenwart Gottes an sich ohne denselben eine todte? ist sie etwa nur lebendig in ihrem Ausdruck, in der Natur? so daß sich versteckter Pantheismus folgern ließe? — wiewohl, sage ich, man so fragen könnte, so wollen wir doch von dieser Folgerung absehen. Hr. v. H. wollte gewiß nur die Natur, als ein von Gott Geschaffenes, näher bestimmen, bezeichnete aber in unklarer Weise die Erschaffung der Sinnenwelt oder Natur als die übernatürliche

Offenbarung des übernatürlichen Gottes, als Ausdruck, d. h. Offenbarung der Allgegenwart, d. h. der wirklichen Existenz desselben.

Wir können aber mit unsern Berichtigungen noch weiter zurückgehen. Unmittelbar vorher heißt es: „die hebr. Poesie umfasse stets das Ganze des Weltalls in seiner Einheit, sowohl das Erdenleben" ꝛc. Dies erinnert uns an die subjektiv nothwendige Voraussetzung der Einheit alles sinnlich Wahrnehmbaren (der Natur), d. h. an die Nothwendigkeit, alles sinnlich Wahrnehmbare als ein Ganzes zu umfassen, eine Nothwendigkeit, deren wissenschaftliche (objektive) Realisirung ja eben das ist, was den Hrn. v. H. veranlaßt hat, seinen Kosmos zu schreiben. Und wenn er nun den Grund dieses charakteristischen Kennzeichens der hebr. Poesie darin findet, daß sie ein Reflex des Monotheismus sei: so ist er insofern dicht an der Gränze der Wahrheit, als der Gott der Hebräer nicht blos der Eine ($\vartheta\varepsilon\grave{o}\varsigma$ $\mu\acute{o}\nu o\varsigma$), sondern der Gott ist, der die Welt in sechs Tagen erschaffen hat, also der übernatürliche, der sich dem Menschen als solchen offenbarte ꝛc.

Wenn wir so das, was Hr. v. H. von dem wesentlich Unterscheidenden der hebr. Poesie sagt, in die Sprache der klar erkannten Wahrheit übertragen, dann ist uns allerdings, was er zum Ruhme dieser Poesie sagt, kein Räthsel mehr. Kein Räthsel ist uns die Bemerkung, daß die Poesie der Hebräer, trotz ihrer Größe — besser ihrer Erhabenheit — selbst im Schwunge der höchsten Begeisterung, nie maßlos, wie die indische wird; denn sie, mit ihrer Begeisterung, ist nicht subjektives Ergebniß einer haltlosen, ins Unendliche hinaus schweifenden Phantasie, d. h. eines Bewußtseins, das, über seine Schranke hinaus, für seine Subjektivität nur ein unendlich Leeres hat, sondern sie ist bedingt durch die übernatürliche Wirklichkeit „Gott", die ihr das Maß giebt. Es ist nicht mehr ein Räthsel, wenn von ihr gesagt wird: „der reinen Anschauung des Göttlichen hingegeben, ist sie sinnbildlich in der Sprache, klar und einfach in den Gedanken" ꝛc.

In demselben zweiten Bande seines Kosmos spricht dessen Verfasser sich über das Christenthum aus, und zwar, ehe er sich zur hebr. Poesie wandte (S. 25. 26 u. 30. 31), über das Verhältniß desselben zu dem naturwissenschaftlichen Forschen und den verschiedenen ganz entgegengesetzten Einfluß, den es auf dieses anfänglich und nachher im Mittelalter übte. Wir können dies nachzulesen dem Leser überlassen, weil es eigentlich nur an historisch Wirkliches erinnert. Anders verhält es sich mit dem, was S. 234 zur Sprache kommt. Ehe wir aber dieses selbst anführen, müssen wir auf eine Stelle im ersten Bande S. 381 zurückblicken. Hier führt Hr. v. H. aus einer ungedruckten Schrift seines Bruders Wilhelm v. H. „über die Verschiedenheit der Sprachen und Völker" folgende Behauptungen an: „Es lasse sich geschichtlich nicht entscheiden, ob es je einen Zeitpunkt gegeben habe, in welchem das Menschengeschlecht nicht in Völkerhaufen getrennt gewesen wäre. Es gebe darüber keine sichere Ueberlieferung. Die Sage, daß das ganze Menschengeschlecht von einem Menschenpaare abstamme, verdanke ihre Geltung nur ihrer weiten Verbreitung. Diese weite Verbreitung aber beweise (?) eben, daß ihr keine Ueberlieferung, nichts Geschichtliches zum Grunde liege, sondern daß nur die Gleichheit der Vorstellungsweise, die Gleichheit des menschlichen Dichtens und Grübelns dazu geführt habe.

Der Verfasser des Kosmos führt diese Behauptung seines Bruders bei der Gelegenheit an, wo er von der Verschiedenheit der Menschenracen handelt, und fügt die Bemerkung hinzu: „Ob die gegebnen Menschenracen von mehreren oder einem Urmenschen abstammen, kann nicht aus der Erfahrung ermittelt werden — so sagt Johannes Müller, einer der größten Anatomen unserer Zeit, in seiner Alles umfassenden Physiologie des Menschen."

Die Stelle Th. II. S. 234 lautet also: „Aeußere Mittel des Zwanges, kunstreiche Staatsverfassungen, eine lange Gewohnheit der Knechtschaft konnten freilich einigen; sie konnten das vereinzelte Dasein der Völker aufheben; aber das Gefühl von der

Gemeinschaft und Einheit des ganzen Menschengeschlechts, von der gleichen Berechtigung aller Theile desselben, hat einen edlern Ursprung. Es ist in den innern Antrieben des Gemüths und religiöser Ueberzeugungen gegründet. Das Christenthum hat hauptsächlich dazu beigetragen, den Begriff der Einheit des Menschengeschlechts hervorzurufen; es hat dadurch auf die Vermenschlichung der Völker in ihren Sitten und Einrichtungen wohlthätig gewirkt. (Aber) Tief mit den frühesten christlichen Dogmen verwebt, hat der Begriff der Humanität*) sich nur langsam Geltung verschaffen können ꝛc."

Wir haben in seinem Raisonnement vorzüglich Folgendes zu beachten:

1) Das Christenthum hat einen wohlthätigen Einfluß auf die Vermenschlichung der Völker in ihren Sitten und Einrichtungen geübt; und zwar

2) nicht durch äußere Zwangsmittel und künstliche Verfassungen (hört! hört!), sondern durch das Gefühl von Gemeinschaft und Einheit des ganzen Menschengeschlechts, von der Gleichberechtigung aller Theile desselben, und dieses Gefühl, edlern Ursprungs, ist in den innern Antrieben des Gemüths und religiöser Ueberzeugungen gegründet. Wodurch?

3) Dadurch, daß das Christenthum dazu beigetragen hat, den Begriff der Einheit des Menschengeschlechts hervorzurufen.

4) Die Vermenschlichung der Völker ist aber identisch mit dem Begriff der Humanität.

5) Dieser Begriff hat sich jedoch, tief verwebt mit den frühesten christlichen Dogmen, nur langsam Geltung verschaffen können.

Der Verfasser des Kosmos muß zugeben, daß das Christenthum einen wohlthätigen Einfluß auf die Völker geübt hat, und zwar einen Einfluß, der außer dem Christenthum nicht möglich

---

*) Ich bitte den Leser, sich dessen hier zu erinnern, was ich S. 22—24 über den Idealismus, und namentlich S. 23 über den Humanismus gesagt habe.

gewesen sei, und es fragt sich nun 1) worin bestand dieser Einfluß? und 2) wodurch wurde er bewirkt?

Er bestand also, wie Hr. v. H. behauptet, in der Vermenschlichung der Völker. Die Völker sind also durch das Christenthum vermenschlicht, d. h. Menschen geworden. Waren sie es vorher nicht? Diese Vermenschlichung soll identisch sein mit der Humanität. Verdanken wir denn den Begriff „human" und „Humanität" erst dem Christenthum? Finden wir ihn nicht schon vor Christo in der klassischen Zeit der römischen Cultur? Es ist überraschend, daß Plato, der berühmte griechische Philosoph, die Menschen gottähnlich machen wollte, wir, aber jetzt froh zu sein scheinen, wenn sie nur Menschen werden könnten. Das Transcendentalvermögen, welches die übernatürliche Stellung des menschlichen Bewußtseins ersetzen sollte, scheint wenigstens noch keine besondern Früchte getragen zu haben. Zugleich wäre es aber wohl kein Wunder, wenn dem, welcher Fichte's Schriften gelesen hat, die Behauptung desselben in einer seiner Reden an die deutsche Nation einfiele: daß die Deutschen mit ihrer Bereitwilligkeit, Fremdwörter, sei es aus alter oder neuer Zeit, in ihre Sprache aufzunehmen, ihr nationales Bewußtsein vielen Irrthümern zugänglich gemacht haben. Das Wort „Humanität" kann wenigstens als eines der entsprechendsten Beispiele gelten.

Was ist denn eigentlich die Humanität als Vermenschlichung der Völker? Hat das Wort erst durch das Christenthum seine wahre Bedeutung erhalten, aus dessen frühesten Dogmen der Begriff sich nur langsam heraus arbeiten kann, weil es mit diesen frühesten Dogmen, also ursprünglich, tief verwebt war? Was ist denn das Christenthum?

Da der Begriff „Humanität" in der vorchristlichen klassischen Zeit Roms schon vorhanden war, müssen wir nicht auf den Gedanken kommen, daß, wie dieser Begriff damals sich herausgearbeitet hatte aus den mythischen Dogmen der heidnischen Götterlehre, er sich auch wieder herausarbeiten müsse aus den christlich-mythischen Dogmen? Wie giebt sich denn diese Humanität oder

Vermenschlichung durch das Christenthum kund? Hr. v. H. bezeichnet als Ergebniß des genannten Einflusses das Gefühl von der gleichen Berechtigung aller Theile der Menschheit, d. h. das Gefühl, welches z. B. die Sklaverei mit Entrüstung brandmarkt, und jeden Despotismus als Knechtung und Unterdrückung der Menschheit verabscheut. Wohl enthält das Neue Testament kein Verbot der Sklaverei, und was das Verhältniß der Beherrschten zu ihren Beherrschern betrifft, sagt es sogar ausdrücklich: „Seid unterthan der Obrigkeit, die Gewalt über euch hat" ꝛc. Hinsichtlich der Sklaverei, sowie auch des Verhältnisses der von der Natur und dem sogenannten Glück Bevorzugten zu denen, welchen von der Natur und dem Glück solche Vorzüge nicht zu Theil wurden, hat er recht, wenn er die allgemeiner gewordene Anerkennung der Menschen als Menschen und nicht als Sachen, sowie die größere, wohlthuende und im Ganzen wenigstens stattfindende Theilnahme der Höhergestellten an der Noth und den Leiden der niedern Volksschichten als ein besonderes Ergebniß des Christenthums gelten läßt. Ist nun dieses Gefühl der Gleichberechtigung eben die Humanität, fand dieses aber vor dem Christenthum nicht statt, so daß die Menschen in ihren unterdrückten und gemißhandelten Mitmenschen die Menschheit, und in ihr zugleich sich selbst herabwürdigten, gleichsam zur Nichtmenschheit: so drängt sich uns die Frage auf: Was war denn im Christenthum das Besondere, wodurch eine solche tiefgreifende innere Umwandlung erfolgen konnte? Die christlichen Dogmen, und sogar die frühesten, konnten es nicht sein, denn diese waren ja die Ursache, daß der Begriff der Humanität sich nur langsam Geltung verschaffen kann.

Die Christen nannten sich, ohne Unterschied, Herren und Sklaven, Vornehme und Geringe, Reiche und Arme, **Brüder**. In der ersten Zeit lebten sie auch so in diesem Sinne mit einander, und auch jetzt bekennen sie wenigstens sich als vor Gott alle gleich. Dies konnte dem Verfasser des Kosmos nicht entgangen sein. Aber sie nannten sich nur als **Christen** unter sich Brüder, von der übrigen Welt sonderten sie sich ab; und der Erlöser selbst gebot zwar: Gehet hin in alle Welt und lehret alle Völker ꝛc. Nun wohl, das war human. Aber er fügt hinzu: Wer da glaubt und getauft wird, der wird selig, wer aber nicht glaubt, der wird verdammet — und das war — inhuman. Was war also Schuld an dieser Hemmung und Verdunkelung des Humanitätsbegriffs? Die christlichen Dogmen. Unstreitig haben wir hier das Wahre, das Hr. v. H. im Sinne hatte, getroffen.

Dies führt uns zu der Frage: Wodurch wurde jener wohlthätige Einfluß auf die Vermenschlichung der Völker bewirkt? „Dadurch", sagt Hr. v. H., „daß das Christenthum hauptsächlich dazu beitrug, den Begriff der Einheit des Menschengeschlechts hervorzurufen. Hier müssen wir ihn nothwendig an das erinnern, was er Th. I. S. 381 aus einer ungedruckten Schrift seines Bruders Wilhelm v. H. angeführt hat. „Es gebe, heißt es daselbst, keine sichere Ueberlieferung, daß das ganze Menschengeschlecht von einem Menschenpaare abstamme. Es liege dieser Sache nichts Geschichtliches zum Grunde, und selbst ihre weite Verbreitung soll nur als Beweis gelten, daß nur die Gleichheit des menschlichen Dichtens und Grübelns dahin geführt habe. Und der Verfasser des Kosmos führte bei der Gelegenheit, wo er von den verschiedenen Menschenracen handelte, diese Behauptung seines Bruders an, um sie noch aus der Physiologie des berühmten Anatomen Johannes Müller zu bestätigen: es könne nicht aus der Erfahrung ermittelt werden, ob die gegebnen Menschenracen von mehreren oder von einem Urmenschen abstammen. Mit vollkommenem Rechte könnte man fragen, ob dies Alles ernstlich gemeint sei oder nicht, so schwach ist, was hier als Beweis gelten soll. Was die Mosaische Urgeschichte von der Entstehung der Menschheit berichtet, ist also nur Fabel, nicht wirkliche geschichtliche Ueberlieferung, während doch diese Urgeschichte alle Bedingungen der Geschichte der Menschheit enthält, so daß, hätten wir sie nicht, wir diese Bedingungen gar nicht kennen und, wäre sie nicht Bericht wirklicher Thatsachen, die Geschichte der Menschheit nicht die sein könnte, welche wir wirklich durchlebt haben. Könnten wir überhaupt wohl eine Geschichte der Menschheit haben, wenn wir weiter nichts hätten, als die Neun Musen des Herodot, des Vaters der Geschichte, alles Uebrige aber nur Mythe wäre? Mit seiner Berufung auf die Autorität des berühmten Johannes Müller hat sich Hr. v. H. wohl nicht recht vorgesehen. Wohl hat dieser Recht, daß das die Abstammung des Menschengeschlechts betreffende Problem nicht durch die Erfahrung, d. h. durch anatomische Zergliederung gelöst werden kann, nämlich in der Art, wie man dessen Lösung als nothwendig vorausgesetzt hatte. Worin sollte denn diese Lösung bestehen? Etwa darin, daß der verschiedene Körperbau der verschiedenen Racen auch für die verschiedene Abstammung entschieden hätte? Dies kann doch nicht der Fall gewesen sein, sonst wäre das Problem ja nach Wunsch gelöst. Da also nothwendig das Gegentheil, eine nicht so wesentliche, die verschiedene Abstammung bedingende Verschiedenheit des Körperbaus der Racen stattfindet, so läßt sich doch wohl nicht daraus bestimmt auf die Verschiedenheit der Abstammung schließen?

Wie reimt sich aber diese Verläugnung der Abstammung des Menschengeschlechts von einem Menschenpaare mit der Behauptung, daß das Christenthum auf die Vermenschlichung der Völker durch das Gefühl der Gemeinschaft und Einheit des ganzen Menschengeschlechts wohlthätig eingewirkt habe, indem es den Begriff dieser Einheit hervorgerufen habe? Wie reimt sich diese Behauptung, daß dieses Gefühl der Einheit des Menschengeschlechts einen edlern Ursprung habe, als die durch Zwangsmittel oder kunstreiche Staatsverfassungen zu Stande gebrachte Aufhebung der Vereinzelung der Völker, daß dieses Gefühl in den innern Antrieben des Gemüths und religiöser Ueberzeugungen gegründet sei, mit der Behauptung, der Begriff der Humanität, der doch eben mit diesem Gefühl zugleich seine Lebenskraft dem Christenthum verdanken soll, habe, tief mit den christlichen Dogmen verwebt, sich nur langsam Geltung verschaffen können? Wir müssen hier einen Augenblick bei dem Begriff „Dogma" verweilen. Was ist ein Dogma? Es bezeichnet eigentlich eine Lehre, welche von der Majorität der Vertreter der Kirche als Glaubensinhalt sanctionirt ist. Dieser Begriff, sowie überhaupt die innere Glaubensgestaltung durch Majoritätsbeschlüsse, sie sind allerdings sehr bedenklicher Natur, und was Hr. v. H. gleich nachher noch Kirchengeschichtliches zur Rechtfertigung seiner Behauptung beifügt, daß nämlich zu der Zeit, als der neue Glaube aus politischen Motiven zu Byzanz zur Staatsreligion erhoben wurde, die Anhänger desselben bereits in elenden Parteistreit verwickelt waren, und daß der ganze geschichtliche Zustand des römischen Reichs, namentlich dessen innere auch durch Angriffe von Außen wachsende Zerrüttung, nicht ohne Einfluß auf die weitere Entwickelung des Christenthums bleiben konnte, dies, sage ich, deutet allerdings auf so Etwas hin. Aber der Verfasser spricht ja auch von den frühesten christlichen Dogmen, mit denen der Humanitätsbegriff tief, das heißt doch wohl „ursprünglich", verwebt war? Was für Dogmen waren es denn? Der Verfasser hat keine derselben genannt. Das früheste Dogma des Christenthums, wenn man es so nennen darf, da es eigentlich als eine geschichtliche Thatsache besteht, war doch unstreitig das Evangelium, die frohe Botschaft von der Erlösung der Menschheit, welche die Apostel verkündigten, das Dogma vom Kreuz, durch welches das Christenthum siegreich das Heidenthum überwand. Und dieses Evangelium wurde allen Menschen ohne Ausnahme, auch den ärgsten Sündern verkündigt. Die Menschen wurden dadurch alle für Sünder vor Gott erklärt, alle bedürftig der Erlösung, alle für zu Sündern gewordene durch die Ursünde des ersten Menschen, also auch alle für abstammend von diesem ersten Menschen, und dieser erste Mensch für erschaffen von dem übernatürlichen Gott, als von diesem die Welt erschaffen wurde. Dies ist ja eben das, wodurch das Christenthum den Begriff der Einheit des Menschengeschlechts ins Leben rief, und das Gefühl dieser Einheit durch religiöse Ueberzeugung in den innern Antrieben des Gemüths begründete. Ist dies aber der Humanitätsbegriff des Hrn. v. H.?

Dieser hat, wie gesagt, keines der christlichen Dogmen genannt, mit denen der Humanitätsbegriff so tief soll verwebt gewesen sein. Er setzte sie also als allgemein bekannt voraus, d. h. er setzte die Ansicht vom Christenthum, welche in der Majorität der wissenschaftlich Gebildeten die herrschende ist, als wahr voraus. Diese ist aber bedingt und begründet durch die Negation des Uebernatürlichen. Zu dieser Behauptung berechtigt mich der ganze Kosmos. Der Verfasser desselben hat nnd kann alsdann nichts weiter haben, als diesen Kosmos, die Totalität alles sinnlich Wahrnehmbaren, als Natur, d. h. als Totalität aller Bedingtheit und Wechselwirkung, und als Welt, d. h. als unendliche Größe. Sein Humanitätsbegriff erstreckt sich also auch nicht über das Wohlsein der Menschheit auf Erden hinaus. Daß Hr. v. H. sich dieser Consequenzen nicht bewußt gewesen ist, versteht sich wohl von selbst. Es ist eine natürliche Folge der Unklarheit über die wahre Bedeutung und innere geschichtliche Haltung des Christenthums, die er auf seinem Standpunkte mit der ganzen emancipirten Wissenschaftlichkeit unserer Zeit gemein hat. Er bewegt sich auf diesem Standpunkte eben so schwankend und unsicher, wie diese; gewiß ist es aber, daß alle Religion ihm nur subjektiven Ursprungs sein kann. Th. I. S. 16 spricht er von dem schauerlichen Gefühl der Einheit der Naturgewalten, von dem geheimnißvollen Bande, welches das Sinnliche mit dem Uebersinnlichen verknüpft. — „Die Welt", sagt er, „die sich dem Menschen durch die Sinne offenbart, schmilzt ihm selbst fast unbewußt zusammen mit der Welt, welche er, innern Anklängen folgend, als ein großes Wunderland in seinem Busen erbaut." — — „Was bei einzelnen mehr begabten Individuen sich als Rudiment der Naturphilosophie, gleichsam als eine Vernunftanschauung darstellt, ist bei ganzen Stämmen das Produkt instinktiver Empfänglichkeit. Auf diesem Wege in der Tiefe und Lebendigkeit dumpfer Gefühle liegt zugleich der erste Antrieb zum Cultus, die Heiligung der erhaltenden, wie der zerstörenden Naturkräfte."

Wir haben hier die Prüfung dessen beendigt, was in dem Kosmos hinsichtlich der wissenschaftlichen und religiösen Zustände sich als Ausdruck der Stellung des Verfassers zur Wirklichkeit seiner Zeit darbietet, und wir waren diese Untersuchung der Wahrheit schuldig, weil ja dem wissenschaftlich gebildeten und wissenschaftlich gebildet sein wollenden Publikum der berühmte Mann als der Zeuge gilt, der die Wirklichkeit, d. h. die Herrlichkeit des Kosmos mit eignen Augen gesehen hat. Jetzt wenden wir uns zu dem, was die bestehende Naturwissenschaft selbst dem Hrn. v. H. zur Ausführung seiner pragmatischen Weltbeschreibung, als denkender Betrachtung der Natur, bieten konnte; wir müssen uns aber des beschränkten Raumes wegen auf die Untersuchung des Allerwesentlichsten beschränken, indem wir, bei der großen Fülle der mannigfaltigen besondern Ergebnisse derselben, das Uebrige vorläufig der denkenden Betrachtung des Lesers überlassen.

Die Verneinung des Uebernatürlichen läßt uns nur die Natur, d. h. die Totalität des sinnlich Wahrnehmbaren und die Einheit als subjektiv nothwendige Voraussetzung. Wir bleiben mit Hrn. v. H. streng im Gebiete der Empirie. Wir wollen nicht Voraussetzung durch Voraussetzung (wissenschaftlich) realisiren, sondern wir suchen eine wirkliche Thatsache, um vermittelst derselben gleichsam in das Innere der Natur zu bringen und hier die wirkliche Grundbedingung der Einheit des Mannigfaltigen zu finden. Diese Thatsache muß eine allgemeine, d. h. allen sinnlich wahrnehmbaren Objekten gemeinsame sein, und wie Hegel den Begriff des Seins ergriff, um sich damit über die Natur zu stellen: so finden wir, um in das Innere derselben zu bringen, nur die **Theilbarkeit**. Jedes sinnlich wahrnehmbare Objekt ist theilbar, die Theile sind wieder theilbar u. s. f. Wie weit wird diese Theilbarkeit sich erstrecken? Wird sie irgend einmal zuletzt aufhören müssen, oder wird sie sich ins Unendliche erstrecken? Im ersten Fall würden wir immer nur zu einer Vielheit von Theilen des jedesmaligen Objekts gelangen, die immer nur Theilchen dieses Objekts und immer andrer Art, als die der übrigen wären; im zweiten Fall würde das Theilen der Theilchen sich in unendlicher Progression vermehren, in beiden aber nie zur objektiven Basis alles sinnlich Wahrnehmbaren führen. Wissen wir denn aber, welcher von beiden Fällen wirklich stattfindet?

Wir schließen indeß dennoch 1) daß das Theilen endlich aufhören müsse, und daß wir zu Theilchen kommen müssen, welche nicht mehr theilbar sind, denn sonst wäre die objektive Einheit unmöglich; 2) daß die untheilbaren Theilchen, zu denen wir zuletzt gelangen müssen, alle auch vollkommen gleichartig sein müssen, weil sonst die objektive Basis keine Einheit sein könnte. Sind dies aber Schlüsse aus Erfahrung? Können wir denn aus dem, was nicht ist, oder von dem wir wenigstens nicht wissen und nicht wissen können, was und wie es ist, unmittelbar schließen, was und wie es sein muß? Es kann doch nur eine Hypothese sein, und es fragt sich, ob diese Hypothese irgend sonst sicher begründet oder nur ein Ergebniß wissenschaftlicher Noth statt wissenschaftlicher Nothwendigkeit ist? Wir haben mit jenen beiden Annahmen ein den unendlichen Raum erfüllendes Etwas angenommen, das durchweg dasselbe, also ein Ganzes ist, und dieses haben wir zugleich wieder als theilbar und getheilt in sehr kleine, nicht mehr theilbare Theilchen angenommen, und aus diesen durchweg identischen Theilchen wäre dann die unendliche Mannigfaltigkeit alles sinnlich Wahrnehmbaren zusammengesetzt. Wie wäre denn aber die unendliche Mannigfaltigkeit möglich, wenn die Theilchen alle durchaus gleichartig sind? Wir sehen hier, was schon den Anaxagoras nöthigte, bei seinen Homöomerien stehen zu bleiben.

Wir nehmen also an oder setzen voraus einen unendlichen Raum und eine diesen Raum erfüllende, in sehr kleine Theilchen theilbare Materie oder Weltstoff. Woher haben wir diesen unendlichen Raum und diesen unendlichen Weltstoff?

Was nennen wir denn überhaupt „Raum"? Die Totalität der Beziehungen des „außer-dem-Subjekt-seins" der sinnlich wahrnehmbaren Objekte auf dieses Subjekt, auf unser Ich. Unser Ich, das Subjekt, ist der Mittelpunkt unsers Bewußtseins, in Beziehung auf welchen alle sinnlich wahrnehmbaren Objekte gegeben sind. Alle diese Beziehungen des „außer-dem-Subjekt-seins" stellen sich dar als ein zwiefaches „Nebeneinander", nämlich in Beziehung auf das Subjekt, und in Beziehung der Objekte zu einander. Ein Gegenstand, z. B. ein Haus, das ich in einer gewissen Entfernung erblicke, steht insofern in einer bestimmten Beziehung seines außer-meinem-Ich-seins, zu mir, und es kann mit einem andern in gleicher oder verschiedener Beziehung seines „außer-meinem-Ich-seins" zu mir stehen, d. h. die Entfernung beider von mir ist verschieden; es kann aber mit dem andern auch in gleicher Beziehung zu meinem Ich stehen, d. h. die Entfernung von mir ist dieselbe. Ein Objekt aber, z. B. ein Haus, kann zu einem andern **unmittelbar** nur in **einer** Beziehung stehen, in einer zweiten kann es nur mittelbar stehen, sofern beide sich auf das Subjekt beziehen. Läßt man aber die Beziehung des Objekts auf sich selbst als eine erste gelten, wodurch es ein objektiver Mittelpunkt für die Objektivität werden würde; so kann diese Beziehung weder eine Beziehung des Außer-sich-seins des Objekts bezeichnen, noch kann sie von dem Objekt selbst vollzogen werden als eine innere in demselben, sondern nur von Seiten des Wissenden, des Subjekts. Indeß haben wir wirklich hier eine Analogie des Subjekts, das sich selbst Objekt ist, mit dem Objekt, und wir sehen die Möglichkeit gegeben, wie die Subjektivität sich als Mittelpunkt der Objektivität selbst auf die Objekte übertragen kann. Zugleich haben wir auch die Prinzipien einer philosophischen Begründung der Raumlehre (Geometrie) gewonnen. Es wird uns die Wichtigkeit dieses Gewinns noch klarer werden.

Es stellen diese eigentlichen Verhältnisse und Beziehungen des „Außer-dem-Subjekt-Gegebenseins" sich dar als eine Sphäre, deren Mittelpunkt das Subjekt, unser Ich, ist, und die Beziehungen auf die Objekte sind die Radien, und zwar verschiedene, sofern die Beziehungen des Außer-dem-Subjekt-seins verschieden sind, und gleiche, wenn die Beziehungen gleiche sind. Jedes Objekt, das uns von außer uns gegeben wird, liegt also in einer Peripherie der Sphäre, deren Mittelpunkt unser Ich ist; Objekte, die in derselben Beziehung zu unserm Ich, also in gleicher Entfernung von uns stehen, in derselben Peripherie, die in verschiedener Beziehung — auch in verschiedenen, welche nun eben diese Beziehungen als verschiedene darstellen werden, so daß sie zwar beide concentrisch, die eine aber größer als die andere ist. Wo wird aber diese Beziehung aufhören? Nothwendig da, wo keine Objekte mehr gegeben sind, die sich auf unser „Ich" beziehen können. Wo ist dies aber? Wissen wir, oder können wir dies wissen? Wir sagen: die Möglichkeit dieser Beziehungen, also des Außer-unserm-Ich-seins der Objekte ist eine unendliche und der Raum unendlich, d. h. eine unendliche Sphäre. Wodurch? Durch die Möglichkeit, daß uns immer ins Unendliche hinaus sinnlich wahrnehmbare Objekte gegeben werden können, die sich auf unser Ich als den Mittelpunkt ihrer Sphäre beziehen, und wiewohl wir diese Sphäre, des Außer-uns-seins mit dem begränzen müssen, was wir wirklich sehen, und sollte es auch nur der blaue Himmel sein: so gehen wir doch über diese Gränze hinaus mit der Möglichkeit des Außer-uns-seins der Objekte ins Unendliche, und behandeln diese Möglichkeit als ein Leeres, in welchem wir immer Schranken, d. h. Objekte setzen können, um darüber hinaus zu gehen, und darüber hinaus gehen, um wieder Schranken zu setzen. So bekommen wir also den unendlichen Raum als eine unendliche Sphäre, deren Mittelpunkt unser Ich ist, und deren Radien, als unendlich lange, alle gleich sind. Zugleich aber bekommen wir die Begriffe des erfüllten und des leeren Raumes; erkennen aber auch nothwendig in dem Begriff des leeren Raumes und des erfüllten den Unterschied des Subjektiven und Objektiven, und zuletzt in dem leeren Raum weiter nichts als die subjektive Unendlichkeit unsers Bewußtseins.

Unser Bewußtsein setzt, vermöge seiner übernatürlichen Stellung, sich immer eine Schranke, um darüber hinaus zu gehen, und geht darüber hinaus, um sich eine Schranke zu setzen, d. h. aber immer: Es setzt sich die Möglichkeit eines Objekts und der Beziehung des Außer-dem-Subjekt-seins desselben auf das Subjekt, das Ich. Es setzt die unendliche Möglichkeit der Objekte, ob aber die Wirklichkeit derselben entspreche, das können wir vermöge des Gegebenseins der Objekte nicht wissen. Diese unendliche Möglichkeit nennen wir den leeren Raum, und dieser leere Raum ist weiter nichts, als die subjektive Unendlichkeit unsers Bewußtseins, die überall ins Unendliche Gränzen setzt.

Das Prinzip der Begränzung ist aber der Punkt, die Gränze der Linie, d. h. der unmittelbaren Beziehung des Außereinanders zweier Objekte zu einander, oder eines Objekts zu dem Subjekt. Unser Ich kann also überall in dem unendlichen Raum Punkte setzen, d. h. überall eine Gränze und die Möglichkeit eines Objekts annehmen. Es wird also diese sich darstellen als die unendliche Möglichkeit unendlich vieler Punkte. Nun ist aber in einer unendlichen Sphäre jeder Punkt ein Mittelpunkt, denn die Radien von einem jeden sind als unendlich lange immer alle gleich. Dies ist die wahre Bedeutung des leeren Raumes, der weiter nichts ist, als die durch die übernatürliche Stellung unsers Bewußtseins, zugleich aber durch das Gegebensein der sinnlich wahrnehmbaren Objekte bedingte subjektive Unendlichkeit desselben.

Um nun aber der sinnlich wahrnehmbaren Objektivität die Basis einer allgemeinen Einheit zu geben, nimmt man ein den unendlichen Raum erfüllendes Etwas an, welches eine unendliche Größe und also mit dem unendlichen Raum congruent sein soll. Dieses Etwas, dieser Weltstoff (Materie) aber darf außer der Theilbarkeit keine andere Eigenschaft haben, denn sonst könnte sie nicht die objektive Basis der unendlichen mannigfaltigen Wirklichkeit sein. Was ist aber ein Etwas, das keine Eigenschaft hat? Es ist Nichts, und es muß Nichts sein, weil sonst nicht Alles daraus werden könnte. Es muß ja doch theilbar sein? Was heißt das? Es muß dieser Weltstoff, dieses den unendlichen Raum erfüllende Etwas eben ein Nichts sein, das zugleich eine Größe ist, denn sonst wäre es nicht ein theilbares Nichts. Doch — wir wollen diesen Unsinn vorläufig hinunterschlucken. Aber nun weiter!

Das den Raum erfüllende Etwas soll als Größe congruent sein mit dem unendlichen Raum, und zwar nicht blos nach der Seite der (unendlichen) Peripherie, sondern auch mit den unendlich vielen in demselben möglichen Punkten. Es soll als unendliche Größe congruent sein mit dem unendlichen Raume der Peripherie nach. Wiewohl man ohne eine Antwort zu erhalten fragen könnte: Folgt denn aus dieser subjektiven Nothwendigkeit auch wirklich schon die objektive, daß der Raum auch objektiv so peripherisch ins Unendliche hinaus erfüllt sei? so bleibt der Weltstoff wenigstens nach dieser Seite der Welt immer noch eine Größe. Was wird aber aus den Theilchen derselben? Wir mußten die Nothwendigkeit annehmen, daß das Theilen irgend wie oder wo aufhöre. Jetzt können wir also fragen: Wie weit darf sich die Theilbarkeit eines Objekts nur erstrecken? So weit, bis jedes Theilchen gleich ist dem mathematischen Punkt. Nun allerdings, dann ist es eben so wenig theilbar, wie dieser. Warum ist dieser nicht theilbar? Weil er keine Größe ist. Soll das Theilchen also gleich dem math. Punkt untheilbar sein, dann kann es ebenfalls nicht mehr eine Größe, also auch nicht Theil einer Größe sein; denn der Theil einer Größe bleibt immer noch eine Größe. Werden also die unendlich vielen Theilchen des den unendlichen Raum erfüllenden Etwas gleich den mathem. Punkten, dann hören sie auf, Größen zu sein, d. h. sie erfüllen nicht mehr den Raum. Und erfüllen alle die unendlich vielen Theilchen nicht mehr den Raum; dann erfüllt auch das ganze Etwas ihn nicht mehr; dann ist das den unendlichen Raum erfüllende Etwas, die Materie, nicht mehr eben dieses den unendlichen Raum erfüllende Etwas. Die Materie wird selbst zum leeren Raum, d. h. zu der subjektiven Unendlichkeit unsers Bewußtseins, und ist als objektiv reale Basis aller sinnlich wahrnehmbaren Objektivität vernichtet.

Hülfe! Hülfe! Die Noth ist groß! Wo glaubt man wohl diese Hülfe gefunden zu haben? In dem Begriff des Unendlichkleinen. Punkte sollen die Theilchen nicht werden, sondern unendlich kleine. Das Kleine ist aber doch immer eine Größe. Was ist unendlich klein? Ist wirklich Sinn in diesem Ausdruck? Kann, wenn ein Sinn darin sein soll, dieser wohl etwas Anderes bezeichnen, als eine Größe, die ins Unendliche immer kleiner werden kann, die also immer eine Größe bleibt? Wie soll eine solche dem math. Punkte congruent werden, da sie nie aufhören kann, eine Größe zu sein? Die Kreislinie, sagt man, ist ein Unendlicheck, d. h. ein Polygon mit unendlich vielen, unendlich-kleinen Seiten. Es ist wieder dasselbe. Die Kreislinie ist eine solche, in welcher jeder Punkt, mit mit dem ich sie begränze, immer gleich weit vom Mittelpunkt entfernt ist, und dieser Punkt ist also auch die unendlich-kleine Seite. Diese ist also keine Größe, sondern ein Punkt, und das Unendlichkleine identisch mit dem math. Punkt. Man hat die Aufgabe zu lösen, daß das Theilchen des den Raum erfüllenden Etwas congruent sein soll dem math. Punkt, ohne demselben gleich zu sein. Und die Wissenschaft hat sie gelöst, indem sie ein Wort erfand, womit sie sich selbst täuschen konnte.

So viel über die in unendlich kleine untheilbare Theilchen theilbare Materie, welche die objektive Einheitsbasis alles objektiv Wirklichen sein soll. Wir fassen jetzt zunächst die großartigsten Erscheinungen des Kosmos, die Weltkörper, ins Auge. Hier finden wir die Verhältnisse, welche dem Gebiete des Raumes und der Zeit, also der Mathematik angehören, und die kreisende Bewegung der großen kosmischen Erscheinungen erinnert uns zugleich an das, was wir von dem unendlichen Raum und seinen Verhältnissen, als einer unendlichen Sphäre, gesagt haben. Diese kreisenden Bewegungen sind gleichsam mathematische Thatsachen. Wir können ihre Wirklichkeit nicht bestreiten. Wie werden diese mathematischen Thatsachen aber zu physikalischen? Diese Frage hat bis jetzt Newtons Gravitationslehre beantwortet. Sie gilt als Erklärung der Mechanik des Weltbaus.

Das Wesen der Kreislinie wie der Sphäre besteht in den Beziehungen der Peripherie zum Centrum, und umgekehrt des Centrums zur Peripherie. Von diesen mathematischen Verhältnissen ging aber Newton nicht aus, sondern von einer physikalischen Thatsache, von der zusammengesetzten Bewegung. Wenn zwei entgegengesetzte Kräfte, so lehrt die Physik, so auf einen Körper wirken, daß die Richtungen ihres Wirkens an dem Körper die beiden neben einander liegenden Seiten eines Parallelogramms darstellen: so muß der Körper sich nach der Diagonale dieses Parallelogramms fortbewegen. Newton nahm zwei Grundkräfte an, die immer auf den sich bewegenden Weltkörper wirken sollen; eine, welche die Richtung des zu bewegenden Weltkörpers zu einem andern, als dem Mittelpunkte der Bewegung desselben, bedingen muß, die Centripetalkraft, und eine entgegengesetzte, vermöge welcher der Weltkörper sich von diesem Mittelpunkt entfernen muß, die Centrifugalkraft. Beide, auf den Weltkörper wirkend, sollen ihn in kreisende Bewegung setzen. Nehmen wir diese beiden Kräfte an als darstellend die Beziehung der Peripherie zum Centrum, und des Centrums zur Peripherie: so ist wohl die Richtung der Centripetalkraft, als Beziehung auf das Centrum bestimmt gegeben, nicht so aber der Centrifugalkraft; denn die Beziehung des Centrums zur Peripherie ist eben so vielfach, als die Radien des Kreises oder der Sphäre. Es sind hier zwei Fälle möglich. Entweder die Beziehung auf die Peripherie, als Centrifugalkraft, ist direkt der Richtung der Centripetalkraft entgegen gesetzt, so daß Centripetal- und Centrifugalrichtung eine gerade Linie bilden, oder nicht. Im ersten Fall ist, wenn beide entgegengesetzte Kräfte gleich stark auf den Weltkörper wirken, keine Bewegung desselben möglich. Er bleibt unbeweglich fest stehen. Wirken sie nicht gleich stark, dann wird nothwendig die stärkere Kraft entscheiden; der Weltkörper entweder mit seinem Centralkörper zusammenfallen, oder ins Unendliche hinaus sich von demselben entfernen müssen. Dieser erste Fall kann also nicht stattfinden. Der zweite Fall läßt aber viele verschiedene Richtungen der Centrifugalkraft nach der Seite der Peripherie zu. Nun sollen aber die Richtungen der Centripetal- und Centrifugalkraft an dem Weltkörper die beiden neben einander liegenden Seiten eines Parallelogramms bilden. Dann können sie nicht direkt entgegen gesetzt in einer und derselben Linie liegen, und die Gravitationslehre verlangt, daß die Richtung der Centrifugalkraft sich verhalte zur Richtung der Centripetalkraft, wie die Tangente zum Radius, und ich frage nun: Zu wessen Tangente und Radius? Doch unstreitig des Kreises, den der Weltkörper um sein Centrum durchlaufen solle. Dann sind aber die Tangente und der Radius schon bedingt durch die Kreislinie. — Das sieht sehr bedenklich hypothesenartig aus! — Es wird sich also der Weltkörper, wenn Centripetal- und Centrifugalkraft ziehend auf ihn wirken, nach der Richtung der Diagonale des dadurch gegebenen Parallelogramms fortbewegen, aber in grader Linie, und zwar so lange, bis Centripetal- und Centrifugalrichtung in direktem Gegensatze stehen, und eine grade Linie darstellen; dann bleibt der Körper wieder feststehen. Soll die Bewegung also wirklich eine kreisende werden; so muß die Tangente in jedem Moment eine andere sein, d. h. sie muß in jedem Moment auf einen andern Punkt in der unendlichen Peripherie gerichtet sein. Es kann also die kreisende Bewegung nur möglich sein durch unendlich viele, d. h. durch so viele Tangenten, als in der Peripherie des Kreises Punkte möglich sind. Jede Tangente divergirt aber immer von der nächsten, und zwar ins Unendliche; jede setzt also von der nächsten in der unendlichen Peripherie einen unendlichen Abstand voraus. Die Diagonale dagegen, in welcher der Weltkörper sich fortbewegt, ist nur ein Punkt. Nicht wahr? — eine unendlich kleine, und diese bedingt wieder ein unendlich kleines Parallelogramm. Dann ist aber Alles, die Diagonale und das Parallelogramm selbst nur ein Punkt, also gar keine Größe, während der Abstand der beiden Tangenten in der unendlichen Peripherie ein unendlicher ist. Wir haben somit hier die merkwürdige Consequenz erhalten, daß der mathematische Punkt, der doch keine Größe ist, das Parallelogramm mit seiner Diagonale repräsentiren oder vielmehr enthalten, ja selbst sein soll. Kann dies etwas Anderes sein, als ein Absurdum?

Jetzt müssen wir aber der Frage Gehör geben: Woher kommt denn die auf den Weltkörper wirkende Centrifugalkraft? Mit der Centripetalkraft hat es hinsichtlich dieser Frage weniger Noth. Der Centralkörper kann entweder den Planeten an sich ziehen, oder es kann in diesem selbst das Bestreben sein, sich zu dem Centralkörper hin zu bewegen, oder vielleicht wäre auch beides zugleich möglich. Wie ist es aber mit der Centrifugalkraft? Daß die Weltkörper mit einander in Wechselwirkung stehen, wird und kann Niemand bestreiten, denn diese Wechselwirkung ist schon in dem Begriff „Natur" selbst gegeben. Allein diese Wechselwirkung ist immer nur möglich unter wirklichen Objekten, welche eben wirken und wirken können? Wie soll aber die Wechselwirkung eines Wirklichen mit der unendlichen Peripherie, d. h. mit der Unendlichkeit des Raumes stattfinden können? Denn davon kann doch nur die Rede sein, nicht aber von einer Wechselwirkung mit andern Weltkörpern, weil der Centralkörper einen Mittelpunkt des ganzen unendlichen Raumes gesetzt hat, die Centrifugalkraft aber nur die Beziehung von diesem aus auf die Peripherie dieser unendlichen Sphäre, d. h. die Tendenz, sich von dem Weltkörper als dem durch ein Wirkliches bezeichneten Mittelpunkt, also überhaupt sich aus dem Gebiete der Wirklichkeit zu entfernen, darstellen kann. Dies kann nur ihre wahre Bedeutung sein. Dann verhält sich aber die Peripherie der unendlichen Raumessphäre für die Centrifugalkraft gleich dem leeren Raum. Soll nun diese Kraft von der unendlichen Peripherie aus auf den Weltkörper wirken, wo soll dieses Wirken anfangen in dieser Unendlichkeit? Es ist kein Anfangen, dann aber auch kein Wirken selbst möglich. Legen wir aber nothgedrungen die Centrifugalkraft in den Planeten selbst, als Streben, sich von dem Mittelpunkte des unendlichen Raumes ins Unendliche zu entfernen, dann ließe sich das Problem durch den Gegensatz der Anziehung von Seiten des Centralkörpers und des Strebens des Planeten, sich von diesem nach der unendlichen Peripherie hin zu entfernen, allenfalls lösen. Nun wissen aber die Astronomen, daß der Schwerpunkt der Gravitation der Planeten nicht in dem Mittelpunkt der Sonne liegt, sondern bald innerhalb, bald außerhalb des Sonnenkörpers fällt. Dies nöthigt uns aber, auch die Centripetalkraft, als ein Streben zum Mittelpunkt des unendlichen Raumes, in den Planeten selbst zu legen. Wie nun? Sind beide, Centrifugal- und Centripetalkraft, in dem dem Planeten selbst, dann können sie entweder beide gleich stark sein — und sie binden sich gegenseitig; es kann keine Bewegung stattfinden — oder die eine ist stärker denn die andere — dann fällt der Planet entweder mit dem Centralkörper zusammen, oder er eilt ins Unendliche hinaus. Zugleich weiß man aber auch nicht, wodurch die Nothwendigkeit der Centrifugalität nach der Richtung der Tangente bedingt sein soll. Was bleibt uns aber übrig? Nichts, als: die Planeten haben den Trieb, irgend einen Punkt im unendlichen Raume, als Mittelpunkt, zu umkreisen. Ist damit aber Etwas erklärt? Ist es denn nicht der Zweck der Naturwissenschaft, die Phänomene der Natur zu erklären, d. h. die Bedingtheit des Phänomens durch den Zusammenhang des Naturganzen, also aus der Struktur dieses Ganzen, nachzuweisen?

Newtons Theorie der Mechanik des Weltbaus ist Ergebniß einer Analogie mit der Mechanik auf Erden. Wodurch besteht diese aber? Das Prinzip ihrer Möglichkeit ist die allgemeine Schwere, d. h. das Streben aller festen Körper auf der Erde oder in ihrer unmittelbaren Nähe zum Mittelpunkt derselben. Dieses Streben steht aber nicht mit einer Centrifugalkraft, d. h. mit einem Streben der festen Körper, sich von der Erde zu entfernen, im Gegensatz. Die Schwere wird durch den Hebel mit sich selbst in Gegensatz gebracht, und durch diesen Gegensatz wird die mechanische Wirksamkeit möglich. Obwohl nun auch Gas und Dampf mit ihrer der Centrifugalkraft analogen Repulsion zu mechanischen Wirkungen angewendet werden: so würde doch diese Wirksamkeit nicht möglich sein ohne die Mechanik des Festen, die bei jener Analogie der Mechanik des Weltbaus im Hintergrunde liegt, wo eben von der Massenanziehung, also von dem Festen, die Rede ist. Weiter konnte ja auch der vom Baum herabfallende Apfel der denkenden Betrachtung Newtons nichts lehren.

Wie paßt aber diese Theorie in den ganzen Zusammenhang

der Natur? Wie kann dieser aus einer Analogie mit der Mechanik auf Erden hervorgegangenen Lehre von der Mechanik des Weltbaus sich das allumfassende System des Atomismus zum Grunde legen? Wir wollen sehen, ob und wie diese Frage sich beantworten läßt, und wir lassen zu diesem Behuf das in der empirischen Physik sanctionirte Atomen-System, sei es als Weltstaub oder als Weltdunst, gelten. Die großen kosmischen Körper verwandeln sich gewissermaßen selbst in Atome. Denn da jedes Atom der Materie einem mathematischen Punkte in dem unendlichen Raume congruent, jeder solcher Punkt aber ein Mittelpunkt desselben, als einer unendlichen Sphäre, mit seinen Beziehungen zur unendlichen Peripherie, sowie dieser wieder zu ihm, dem Atom, als Mittelpunkt selbst, sein kann: so haben wir nun auch das Recht, die Centripetal- und Centrifugalkraft als die objektiv-realen, mit diesen entgegengesetzten sphärischen Beziehungen congruenten Grundthätigkeiten des objektiv Wirklichen, d. h. der Materie, anzunehmen. Wir übertragen also, was als Grundthätigkeit der Natur den großen kosmischen Massen beigelegt wird, auf das Atom, und zwar um so unbedenklicher, da Atom und Weltkörper gegenüber der Unendlichkeit des Raumes beide dem Punkt gleich werden.

Liegen nun in jedem Atom die Tendenzen zum Centrum und zur Peripherie — und wo sollen sie sonst in dem leeren Raume liegen? — dann fragt es sich: Wo ist für jedes (Atom) das Centrum für seine Centripetalität, wenn jedes selbst ein Centrum im unendlichen Raume ist? Die Centripetalkraft des Atoms ist alsdann nothwendig gerichtet auf das Atom selbst, dessen Centripetalkraft sie ist. Es ist das Centrum seiner eignen Centripetalkraft. Das Atom hat also in sich die Tendenz zu sich selbst und zur unendlichen Peripherie der Sphäre, deren Mittelpunkt es ist. Dann ist durchaus kein Grund vorhanden, warum das Atom ein Centrum außer sich haben sollte. Die Centripetalkraft eines Atoms, die auf dieses selbst gerichtet ist, kann nicht auf ein Centrum außer diesen gerichtet sein. Sie würde aufhören, Centripetalkraft zu sein.

Die Centrifugalkraft kann ebenfalls nur auf die unendliche Peripherie der Sphäre gerichtet sein. In einem andern Atom würde sie ein endliches Ziel haben. Sie würde, auf einen andern Mittelpunkt gerichtet, aufhören, Centrifugalkraft zu sein, und scheinbar wieder zu einer Centripetalkraft werden. Wollten wir die Möglichkeit einer solchen Umwandlung auch gelten lassen: so könnte doch immer nur die Beziehung auf das unmittelbar zunächst liegende Atom stattfinden. Wirken nun beide Kräfte gleich stark: so bleiben beide Atome unverändert neben einander. Wäre die ursprüngliche Centripetalkraft stärker, so würde das Atom unwandelbar auf seiner Stelle bleiben, denn das Atom ist ja selbst das Centrum für seine eigne Centripetalität; wäre die Centrifugalkraft auch wirklich zu einer auf ein anderes Atom gerichteten Centripetalkraft geworden, und als diese stärker als die unmittelbar erste Centripetalkraft: so würde ebenfalls keine Veränderung erfolgen können. Beide Atome könnten, als nächste Nachbarn, nur dicht neben einander bleiben. Müssen wir nun nothwendig dieselbe Wechselwirkung eines jeden Atoms mit seinen dasselbe unmittelbar umgebenden Nachbaratomen annehmen: so bleibt das ganze, den unendlichen Raum erfüllende, Etwas ein unendlich Starres und Unbewegliches, zugleich auch ein an sich Untheilbares, und die Täuschung besteht eigentlich darin, daß die (subjektive) Unendlichkeit unsers Bewußtseins als ins Unendliche sich immer wieder begränzende, auf ein als objektiv real Angenommenes, als eine Unendlichkeit mathematischer Punkte übertragen, oder vielmehr selbst als eine objektive Größe, nicht etwa gedacht, sondern vorgestellt wird. Die Anwendung der beiden Beziehungen von der Peripherie zum Centrum und umgekehrt als Centripetal- und Centrifugalkraft auf die ins unendlich Kleine theilbare Materie, so wie die ganze Atomistik, in welcher Form sie auch gedacht werde, kann also nichts weiter bezeichnen, als die aus wissenschaftlicher Noth vorauszusetzende, aber nicht zu beweisende Congruenz des den unendlichen Raum erfüllenden Etwas mit dem unendlichen Raum selbst, d. h. mit der subjektiven Unendlichkeit unsers Bewußtseins.

Wird die Gravitationslehre, wie gewöhnlich, nur oberflächlich angesehen, dann läßt sich freilich leicht davon reden, wie die Centripetalität das Zusammenballen der Weltkörper habe herbeiführen können; auch kann man wohl die dabei sichtbar werdenden Schwierigkeiten und Widersprüche, durch neue Hypothesen, wie das eben entstandne Bedürfniß ihnen selbst Bedeutung und Gestalt giebt, beseitigen; faßt man aber das, was sich da zusammenballen soll, sowie die Impulse schärfer ins Auge, welche die Herausbildung des Weltstoffs zur Weltstructur zu bedingen und zu leiten haben, dann blicken wir in eine Tiefe, wo kein Grund zu erkennen ist. Früh schon führte die Thatsache der allgemeinen Theilbarkeit zum Atomismus. Während der mit dem mathematischen Formalismus des Pythagoras im Gegensatz stehende Materialismus der ionischen Schule, die Unmöglichkeit, aus der Einheit des Weltstoffs, als aus einem Ganzen, die Mannigfaltigkeit, Veränderlichkeit und Bewegung, mit einem Worte, das Viele der objektiven Wirklichkeit abzuleiten, nicht beseitigen konnte, und die eleatische Schule, dadurch, daß sie nur den „Begriff" der Einheit für Wahrheit und Wirklichkeit, das Wirkliche der Erscheinungen aber für Schein erklärte, und sich so mit einem speculativen Gewaltstreich zu helfen suchte, ergriffen Leucippus und dessen Nachfolger das Prinzip der Theilbarkeit, um auf empirischem Wege zu bleiben; sie bildeten aber den dadurch bedingten Atomismus wieder auf speculativem, d. h., möchte ich sagen, auf trockenem Wege aus, wogegen derselbe durch den Chemismus der neuern Zeit, seine Ausbildung überwiegend dem nassen Wege verdankt. Es ist nicht ganz unwerth der Beachtung, daß man die Atome sich ehemals als Stäubchen vorstellte, während jetzt z. B. in dem Kosmos des Hrn. v. H. von dem Weltdunst die Rede ist. Es würde also hier der Unterschied Weltstaub und Weltdunst bezeichnend sein. Wenn ich S. 50 sagte, daß die Gleichartigkeit des in unendlich kleine untheilbare Theilchen getheilten Weltstoffs ein in diese Theilchen zertheiltes Ganzes voraussetze: so könnte man den Unterschied des alten von dem neuern Atomismus auch durch die vorausgesetzte

Zerstörung einer früher dagewesenen Welt bezeichnen, nämlich durch Feuer mit dem Residuum Weltstaub, oder durch Wasser oder irgend eine auflösende Flüssigkeit. Die alten Atomistiker, um die Widersprüche der ionischen Schule zu beseitigen, ließen die Atome ähnlich den sogenannten Sonnenstäubchen sich in dem Weltraume bewegen. Dadurch aber ergab sich nun die Nothwendigkeit des leeren Raumes, sonst hätten diese Atome keinen Spielraum zur Bewegung gehabt, und ohne Bewegung wäre die Entstehung der Welt nicht möglich gewesen, die freilich nur durch den reinen Zufall einer Abweichung von der allgemeinen, ein ungestörtes Nebeneinander darstellenden Bewegung motivirt wurde. Der Chemismus mußte eigentlich an die Stelle des leeren Raumes ein allgemeines Auflösungs-Fluidum setzen, und dann kommt unsere Atomistik noch schlechter weg, als die alte mit ihrer Zufälligkeit, wenn auch die Centripetal- und Centrifugalkraft, als Contraction und Repulsion sich durch die chemischen Thatsachen der Wahlverwandtschaften, ja wenn sich sogar durch die überwiegende Contraction der Zustand des Festen, durch die überwiegende Repulsion der Zustand des Gasartigen, durch das Gleichgewicht beider der Zustand des Tropfbar-flüssigen erklären ließe. Wo würden wir aber den Raum für den Weltdunst behalten?

Selbst der Dynamismus, den man jetzt dem Atomismus entgegensetzen will, kann uns nicht aus der Noth helfen; denn er kann doch nur wieder darin bestehen, daß man den Weltstoff, der zuerst als trockner Weltstaub galt, jetzt aber flüssiger Weltdunst sein soll, mit einer den unendlichen Weltraum erfüllenden Weltkraft vertauscht, welche keiner Theilbarkeit und Auflösung bedarf, die aber doch eben, als eine den unendlichen Raum erfüllende Kraft, dem unendlichen Raume und dessen unendlich vielen Punkten congruent, also eine Raum erfüllende, und somit eine Größe sein muß. Merkwürdig sind allerdings die Erfahrungen der Homöopathie, daß die Intensität der wirkenden Kraft unabhängig ist von der Extensität des Stoffs, der die Wirkung bedingt, ja sogar mit dieser in umgekehrtem Verhältniß steht. Allein da die Wirkung doch immer gebunden ist an den jedesmaligen Stoff und die Heterogenität derselben, so ist durch die Heterogenität von diesem nur ein neuer Gegensatz zwischen der Intensität und Extensität der Kraft in demselben sinnlich wahrnehmbaren Objekt gegeben, und zwar so, daß dieselbe Kraft gegen ihre eigne Wirkung gerichtet, diese Wirkung selbst zerstört.

Der Chemismus wird durchaus nicht zu dem Resultat führen, das man von ihm erwartet, nämlich die Einheit in der Vielheit, oder vielmehr die subjektiv nothwendige Voraussetzung der Einheit alles sinnlich Wahrnehmbaren objektiv (wissenschaftlich) zu realisiren. Die Chemie, von dem Prinzip der Theilbarkeit ausgehend, kann nur, was in dem Gebiete des sinnlich Wahrnehmbaren ein Ganzes ist, zerstören; es kann nur die Vielheit vermehren, aber nie zu der realen Einheit des Naturganzen hindurchbringen. Diese Nothwendigkeit wird durch alle Erfahrung der Chemie und Physik bestätigt. Ueberall Anziehung und Abstoßung, das Prinzip einer ursprünglich nothwendigen Verschiedenheit und Vielheit; Contraction und Repulsion beglaubigt durch die Polarisation im Magnetismus, in der Electricität und im Galvanismus, und was die Chemie entdeckt, sind immer nur neue bisher unbekannte Stoffe und Kräfte, immer nur Heterogenes. Die Naturwissenschaft kann nur den Zusammenhang der Natur zerstören und desorganisiren, um dadurch neue Stoffe und Kräfte zu neuen Combinationen und Erfindungen für die materiellen Bedürfnisse zu gewinnen. Sie zerstört eigentlich die Natur, um Stoffe und Kräfte zu gewinnen für das menschliche Können, und wohl hat sie es darin weit gebracht. Will man in diesem Sinne den Materialismus unserer Zeit verstehen, dann habe ich nichts dagegen. Welche Bedeutung man aber dem Chemismus beizulegen kein Bedenken trägt, davon jetzt noch ein auffallendes Beispiel.

Bei Gelegenheit der Durchsichtigkeit der Luft gedenkt Hr. v. H. (Kosmos Th. III. S. 143 u. 144) der zwischen der Südseeküste und der Andeskette in der Jahreszeit, die dort il tiempo de la garua heißt, mehrere Monate lang das Firmament verhüllenden

Nebel, die so dicht sind, daß man keine Sterne und keinen Mond und nur selten des Tages einmal die Sonne, und dann als eine gelbrothe, bisweilen weiße oder auch blaugrüne Scheibe sieht. Hr. v. H. bemerkt hierbei, daß, wenn man der vielfachen chemischen Prozesse gedenke, welche in der Urwelt die Scheidung des Festen, Flüssigen und Gasförmigen um die Erdrinde bewirkt haben mögen: so könne man sich des Gedankens nicht erwehren, „wie nahe die Menschheit der Gefahr gewesen sei, von einer undurchsichtigen, der Vegetation wenig hinderlichen, aber die ganze Sterndecke verhüllenden Atmosphäre umgeben zu sein. Alle Kenntniß des Weltbaus wäre dann dem Forschungsgeiste entzogen geblieben. Außer uns erschiene nichts **Geschaffenes** (?!) vorhanden zu sein. Eines großartigen, ja, des erhabensten Theils seiner Idee über den Kosmos beraubt, würde der Mensch aller der Anregungen entbehren, die ihn zur Lösung wichtiger Probleme seit Jahrtausenden unablässig geleitet und einen so wohlthätigen Einfluß auf die glänzendsten Fortschritte in dem höhern Kreise mathematischer Gedankenentwickelung geübt haben." Also von einem **chemischen** **Zufall** hing das Schicksal des Kosmos des Hrn. v. H. und das Schicksal der Menschheit ab! Aber daran dachte der berühmte Mann nicht, daß unter dem Bann einer solchen Atmosphäre die Menschen nie hätten Menschen sein können. Heißt das nicht das ganze Schicksal unsers Planeten von einem chemischen Zufall abhängig machen und den Fatalismus nur in Chemismus verwandeln? Und doch spricht Hr. v. H. von dem Geschaffnen. Warum? Weil ihm die ersten Bedingungen und Impulse fehlten, ohne welche jener große chemische Weltprozeß durchaus unmöglich war.

Wir sehen also, wenn wir nicht blind sein wollen, wie es mit dem Kosmos und der Naturwissenschaft in Wahrheit steht, aber wir sind noch nicht über alle Schwierigkeiten hinweg, und es kann deshalb nur Ergebniß der Unwissenheit oder des Mangels an wissenschaftlicher Umsicht sein, wenn man von der Ohnmacht der Naturwissenschaft mit solcher Entschiedenheit spricht, wie dies nur zu oft geschieht.

Es ist schon nicht zu leugnen, daß das Copernicanische Weltsystem sich mit der Bibel und dem Christenthum, wie die Bibel es lehrt, durchaus nicht vertragen kann. Josua's stillstehende Sonne und der rückgängige Sonnenzeiger des Hiskias sind das Wenigste; über diese könnten wir wohl hinwegkommen. Aber die Himmelfahrt Christi. — Die Apostelgeschichte berichtet uns: „er ward aufgehoben zusehends und eine Wolke nahm ihn auf vor ihren (der Apostel) Augen." Wir können uns doch nur vorstellen, Jesus sei langsam in senkrechter Richtung emporgeschwebt, bis er zuletzt vor den Augen der Jünger in einer Wolke verschwand. Vermöge der täglichen Rotation der Erde bewegt jeder Punkt unter dem Aequator sich in jeder Secunde 1500 Fuß von Westen nach Osten; bei Jerusalem also, circa 30° weiter nordwärts, 1000 Fuß. Nehmen wir nun für das Aufsteigen Jesu zehn Minuten an, bis er in der Wolke verschwand: so bewegte der Oelberg mit den versammelten Jüngern in dieser Zeit sich 600,000 Fuß, also 25 Meilen von Westen nach Osten. Ferner — die Meilenzahl der Bahn des jährlichen Umlaufs der Erde um die Sonne ist auf 132 Mill. Meilen berechnet. Auf jede Secunde kommen also vier Meilen und Etwas darüber; dies macht 240 Meilen auf die Minute und in zehn Minuten 2400 Meilen. Der Erlöser mußte also im ersten Fall vor den Augen der Jünger scheinbar 25 Meilen mit der Schnelligkeit von 1000 Fuß in der Secunde von Osten nach Westen, im zweiten aber gar 2400 Meilen mit der Geschwindigkeit von vier Meilen in der Secunde scheinbar ebenso in den Weltraum hinaus fliegen. Unmöglich könnte dann aber der Bericht des Apostels wahr sein. Ist aber Christus nicht zum Himmel gefahren, dann ist er auch nicht auferstanden; „dann", sagt der Apostel Paulus, „seid ihr noch in euren Sünden", d. h. dann ist Alles nur Fabel. Doch Hr. v. H. nennt (Kosmos Th. III. S. 74) das System des Copernicus „eine kühne und großartige Gedankenentwickelung", und dagegen haben wir nichts einzuwenden. Abgesehen aber davon, daß die Idee des Copernicus, vermöge welcher die Sonne den Mittelpunkt des ganzen Weltalls einnehmen sollte, durch Herschels neuere Erweiterungen desselben bereits ins Unendliche zerflossen ist; daß durch die translatorische Bewegung der Sonne die Schwierigkeiten sich wieder in größerm Umfange zu erneuern drohen, welche man durch Copernicus beseitigt glaubte, indem diese Bewegung wieder auf einen Mittelpunkt, wenn auch des Milchstraßensystems hindeutet, — abgesehen von Diesem, so hat Schöpfer bereits nicht ohne Grund an dieser Idee gerüttelt, und sie könnte nur dann sich vielleicht unerschütterlich feststellen, wenn die Bedenklichkeiten, welche durch das Verhältniß der Atmosphäre zu der Rotation der Erde und ihren Umlauf um die Sonne angeregt werden müssen, nicht blos durch Hypothesen aus wissenschaftlicher Noth, sondern wirklich durch wissenschaftliche, d. h. logische, Nothwendigkeit beseitigt würde. So wie die Sachen aber jetzt stehen, dürfen wir die Hoffnung noch gar nicht aufgeben, daß die Theorie des Copernicus noch einer allumfassenden, unbestreitbaren Thatsache werde weichen müssen.

Doch wenn auch des Copernicus Rotation der Erde und ihr Umlauf um die Sonne als Ergebnisse einer großartigen Gedankenentwickelung noch diese Möglichkeit zulassen: so bleiben uns doch noch unbestreitbare Thatsachen im Rückstande, über die wir deshalb noch nicht hinweg sind.

Das Weltbild, wie die Bibel uns dasselbe darstellt, ist hervorgegangen aus den Erweiterungen des scheinbaren Horizonts, wie dieser etwa sich der unmittelbaren Anschauung von einer Höhe darbietet; die Erweiterungen waren aber nur möglich durch Erweiterung der unmittelbaren Anschauung der Erdoberfläche, so weit damals die Reisen auf derselben sich erstreckten. Ueberall finden wir das beschränkte Weltbild, die Erde, als Basis, eine Scheibe, und darüber das Himmelsgewölbe. Selbst die Schöpfungsurkunde giebt uns kein anderes Bild, und was nicht nur die Apostel, sondern Christus selbst, z. B. wo vom jüngsten Gericht die Rede ist, darüber sagt, ist unverkennbar diesem Bilde gemäß. So der Apostel Paulus (Apgsch. 17, 31) in seiner Rede zu Athen, „darum, daß er einen Tag gesetzt hat, auf welchem er richten wird den Kreis der Erde (οἰκουμένην, orbem terrarum);" und Jesus in dem Gleichniß Marc. 13, 26. 27: „Und dann wird er seine Engel senden, und wird sammeln seine Auserwählten von den vier Winden, von dem Ende der Erde bis zum Ende des Himmels." Unstreitig bezeichnen die vier Winde oder Himmelsgegenden die Begränzung der Erdfläche, wie sie bedingt ist durch die beiden Flächen-Dimensionen und deren entgegengesetzte Richtungen, und zwar bis zur äußersten Begränzung, da wo der Himmel die Erdfläche am Horizont zu berühren scheint. Dieser scheinbare Horizont ist es also auch, der selbst dem Weltbilde zum Grunde liegt, welches Christus als das seinige in diesem Gleichniß durchblicken läßt. Und doch lehrt die Wissenschaft uns jetzt von der Gestalt der Erde und der Welt ganz Anderes, und zwar unbestreitbar als wahr Anzuerkennendes. Was sollen wir davon denken? Besonders wenn wir lesen, wie Jesus selbst, Matth. 25, 31. 32 sagt: er werde kommen in seiner Herrlichkeit, (und zwar, wie er sich andererwärts ausdrückt, „in den Wolken des Himmels," also doch über einem bestimmten Ort der östlichen Hemisphäre) und „es werden vor ihm versammelt werden alle Völker der Erde," also auch der westlichen Hemisphäre, von der man damals nichts wußte, und zwar auch die aus den Gräbern und aus der Meerestiefe auferstandenen Todten — alle — alle an einem Orte der Erde. Können wir es leugnen, daß die Art, wie die Vorzeit sich die Welt als Himmel und Erde und das Verhältniß beider zu einander dachte, eine blos menschliche und zwar beschränkte Vorstellungsart war, welche endlich durch eine ganz andere Wirklichkeit beseitigt wurde? Soll etwa dieses beschränkte Weltbild als ein geoffenbartes gelten? Wie kann aber alsdann die Wahrheit des sogenannten orthodoxen Christenthums bestehen? Ist Jesus, der Sohn Gottes, eben der, durch den, wie es in der Schrift heißt, alle Dinge gemacht sind, ist er, wie er von sich selbst sagt, die Wahrheit und das Leben, wie kann dies gegen das Zeugniß der offenbaren Wirklichkeit bestehen? Wie kann in dem Munde, in welchem keine Unwahrheit jemals gefunden wurde, doch eine solche Unwahrheit gefunden werden? Fanden die Jünger und Apostel etwa nur deshalb in seinem Munde keine Unwahrheit, weil sie selbst alle in dieser Weltanschauung befangen waren? Konnten die Menschen nur so lange in seinem Munde keine Unwahrheit finden, weil sie in dieser selben Befangenheit sich befinden mußten?

Wir müssen durchaus endlich davon zurückkommen, die Ungläubigen und namentlich die Wissenschaftsmänner und wissenschaftlich Gebildeten nur des bösen Willens zu beschuldigen. „Ihr wollt nur nicht glauben," dieses gleichsam auf-den-Kopf-Zusagen des bösen Willens ist nicht nur eine Ungerechtigkeit, sondern selbst ein Ergebniß der Unkenntniß des Wirklichen. Schleiermacher äußerte einst in einer seiner Schriften: „Die sich stets erweiternde und fortschreitende Wissenschaft werde die Vertreter der kirchlichen Orthodoxie mit ihren dogmatischen Bestimmungen zuletzt aus allen ihren Glaubensschanzen heraustreiben." Ein Aufsatz in der Berliner „Evangelischen Kirchenzeitung" setzte dieser Aeußerung die Behauptung entgegen, daß in der Wissenschaft Alles sich ja nur auf Hypothesen gründe. Sind denn die Entdeckung von Amerika und die öftern Erdumschiffungen nur Hypothesen? Sind die Thatsachen der Erdkunde, wie sie jetzt jedem Kinde in der Schule gelehrt werden, Hypothesen? Und sind sie es nicht, wie wollen wir es verhindern, daß die Erwachsenen nicht darauf kommen, die Consequenz der Folgerungen zu erkennen, die sich aus dem ziehen lassen, was sie als Kinder in der Schule gelernt haben? Etwa wie die Jesuiten im Oesterreichischen? Wollten wir aber auch die Jesuiten uns zum Vorbilde nehmen, was würde es uns helfen? Die emancipirte Wissenschaftlichkeit kann sich auf ein weit umfassenderes Princip ihres Unglaubens stützen.

Es ist keinem Zweifel unterworfen, daß die Vernunft eben

das sein soll und ist, wodurch der Mensch — Mensch ist. Als vernünftiges Wesen muß er die Antwort haben wollen auf folgende drei Fragen: „Was bin ich, und was ist die ganze Welt? Woher bin ich und woher ist die ganze Welt? Endlich: Wozu bin ich und wozu ist die ganze Welt?" Wir supponiren einen Menschen, der weder gläubig noch ungläubig, sondern blos vernünftig ist, und der mit seiner Existenz sich in der Welt und im Leben orientiren will. Er muß diese Fragen thun. Er muß, mit einem Wort, nach dem Wesen, dem ersten Grunde und letzten Zwecke aller Dinge fragen. Könnte er diese drei Fragen nicht thun, er wäre kein Mensch, und wollte er sie nicht thun, so wollte er kein Mensch sein. Ja, er muß sie thun, um so nothwendiger und dringender, je mehr er eben Mensch, d. h. ein vernünftiges und denkendes Wesen ist.

Nun hat er aber den falschen Vernunftbegriff, und es ist durchaus kein Grund vorhanden, warum er ihn nicht haben sollte. Dieser Vernunftbegriff ist ja der allgemeine, auch selbst von den rechtgläubigsten Christen und Theologen als wahr anerkannte. Er ist bis jetzt von Niemand bestritten und hat die Autorität der ganzen denkenden und wissenschaftlich gebildeten Welt für sich. Vermöge dieses Begriffs muß mein Philosoph sich aber nothwendig auf dem Standpunkte der Verneinung des Uebernatürlichen befinden. Es liegt diese Nothwendigkeit mit allen ihren Consequenzen in dem falschen Vernunftbegriff selbst. Er kann also auch die Antworten auf jene drei Fragen nur von der Vernunft erwarten.

Wir nehmen an, er habe sich mit seiner Vernunft zunächst ganz von dem Gesammtbewußtsein der Menschheit isolirt, um selbst mit eignen Augen zu sehen. Er habe sich frei gemacht von jedem andern Interesse und stehe nur da in der Welt mit dem rein intellectuellen Interesse, d. h. mit dem Interesse für Wahrheit; mit einem Worte, er stehe da in der Welt als Philosoph und forsche, als solcher, nach den Antworten auf jene drei Fragen. An die erste: „Was bin ich und was ist die Welt?" wird in der Regel keinesweges zuerst gedacht. Dagegen drängen sich die Fragen: „Woher bin ich?" und: „Woher ist die ganze Welt?" vorzüglich aber: „Wozu bin ich und wozu ist die ganze Welt?" als das wichtigste Bedürfniß zuerst hervor. Es geht meinem Philosophen wie dem weisen Simonides nach der bekannten Frage des Königs Hiero: Er forscht und grübelt, aber vergebens. Die Vernunft kann diese Fragen wohl thun, aber sie kann sie nicht beantworten. Sie fragt ja eben, weil sie die Antwort nicht weiß. Soll sie die Fragen auch beantworten, so soll sie ja wissen, was sie nicht weiß. Die Vernunft will ja als Vernunft die Antwort vernehmen. Hat seine, des Individuums, Vernunft den Forscher so im Stich gelassen, so wendet er sich nun an die allgemeine Vernunft, an das Gesammtbewußtsein der Menschheit oder Wissenschaft. Hier macht nun die Philosophie die ganze Schule ihrer bisherigen Weisheit durch alle Systeme bis auf Feuerbach mit ihm durch. Wie wird ihm zu Muthe? Nur zu deutlich erkennt er, daß auch die allgemeine Vernunft ihn im Stich lasse, und zwar, weil sie keine andere sein kann, als seine eigene. Da nimmt, um seine Seele zu retten, unsere protestantische Dogmatik sich seiner an, und erbietet sich, seine Fragen zu beantworten. Also zuerst: Woher bin ich, und woher ist die ganze Welt? Die Antwort lautet: Die Welt war einst nicht. Ein allmächtiger Gott hat sie erschaffen, und da du auch zu dieser Welt gehörst, so hat er auch dich mit ihr erschaffen." Der Fragende macht große Augen. „Die Welt," sagt er, „war einst nicht, und ein allmächtiger Gott, der vor ihr war, hat sie erschaffen? Dann ist dieser Urheber der Welt ja ein übernatürlicher Gott? Wie soll dies möglich sein? Nun fängt die Dogmatik an zu beweisen. Sie wiederholt ihm den ontologischen, cosmologischen, physicotheologischen, den moralischen und sogar den Hegel'schen Beweis des Daseins Gottes. Immer schüttelt er den Kopf, denn diese Beweise hat die Philosophie bereits vor ihm paradiren lassen. Die Dogmatik bleibt endlich bei der Causal-Nothwendigkeit stehen. Sie meint damit jeden Zweifel der Vernunft zu besiegen. „Die

Welt," sagt sie, „ist eine Wirkung, also muß sie eine Ursache haben ꝛc."

Woher weißt du denn, daß die Welt, und zwar die ganze Welt, eine Wirkung ist? Das mußt du mir erst beweisen. Wirkung und Ursache können nur stattfinden innerhalb der Welt, als Natur. Sie sind hier der Ausdruck der Bedingtheit und Wechselwirkung. Diese sind aber das Wesen der Natur. Ist nun die ganze Welt eine Wirkung, dann steht ja nothwendig die Ursache derselben über der Natur, und zwar als Ursache des Ganzen, und dein Gott ist durchaus wieder ein übernatürlicher Gott. Allein die Vernunft, die ihr doch selbst als wahr anerkennt, und deren Wahrheit eure Dogmatik noch nie bestritten hat, schließt alles Uebernatürliche aus. Euer Gott widerspricht offenbar der Vernunft. Nun erheben aber die Vertreter der Dogmatik ihre Stimme mächtig. Du mußt deine Vernunft gefangen nehmen unter den Gehorsam des Glaubens. Du mußt glauben." Wem soll ich glauben? fragt der Zweifler? Antwort: „Dem Wort Gottes in der Bibel. Du mußt glauben, was Gott selbst von sich gesagt hat." — Also ich soll dem Gott auf's Wort glauben, dessen Existenz ich erst glauben muß? Diesem Gott soll ich glauben, daß er wirklich existirt? Welche Zumuthung? Fühlt ihr denn nicht, daß ich durch diesen innern Widerspruch einen geistigen Selbstmord begehen, daß ich den Frevel begehen würde, nicht Mensch sein zu wollen?

Doch jetzt zu der letzten Frage: Wozu bin ich und wozu ist die ganze Welt? — also zu der Frage nach dem Weltzweck. Hier fängt die Dogmatik wieder an von der Erschaffung der Welt und des Menschen. Sie berichtet uns den Sündenfall der ersten Eltern und erzählt den ganzen Verlauf der Offenbarungsgeschichte, wie wir dieselbe in der Bibel lesen. Wir enthalten uns hier der Wiederholung derselben. Sie ist bekannt genug. Welchen Eindruck sie aber nur auf unsern Zweifler machen kann, das müssen wir jetzt von ihm selbst vernehmen.

„Was ich von eurem Gott halte, wißt ihr bereits. Doch —

ich will ihn gelten lassen. Ihr rühmet ihn als den Allweisen und Allmächtigen. Wohl! — wenn er Alles, was da ist, erschaffen konnte, dann muß er wohl allmächtig sein. Wir wollen aber sehen, wie es mit seiner Allweisheit steht. Was ist Weisheit? Ihr antwortet: Die Fähigkeit, zur Erreichung des besten Zweckes die besten Mittel zu wählen und also auch anzuwenden. Gut, ich nehme eure Definition beim Wort. Euer übernatürlicher Gott erschuf also die Welt in sechs Tagen, am siebenten ruhte er, sahe an Alles, was er gemacht hatte und siehe, es war sehr gut. Gott erklärte den Zweck seines Schaffens vollkommen erreicht. Er war fertig. Warum ließ er die Welt nicht so und begnügte sich damit, sie und die Menschheit in ihrer Vollkommenheit vermöge seiner Allmacht zu erhalten? Statt dessen provocirte er durch ein dem ersten Menschen gestelltes Verbot die gottfeindliche Macht, eine Macht, deren Existenz dem allmächtigen Gott gegenüber man nicht zu erklären weiß, und schaffte derselben Gelegenheit, sein ganzes herrlich vollendetes Werk wieder zu verderben. Und als bies geschehen war, was that er? Statt es kurz zu machen und entweder den dem Menschen gedrohten Tod wirklich folgen zu lassen und ein neues Menschenpaar von besserem Gehalt zu erschaffen, oder durch ein Wunder, das man doch jetzt für so leicht möglich hält, und das dem Schöpfer einer Welt auch leicht möglich sein mußte, die Herzen der Menschen wieder zu sündenreinen umzuschaffen, bringt er Jahrtausende damit zu, die feindliche Macht, die ihm sein Werk verderbt hat, zu bekämpfen; ja, er ist gezwungen, zuletzt sogar das größte Opfer zu bringen, durch die Menschwerdung, durch das Leiden und den Kreuzestod seines eingebornen Sohnes, um die Menschheit zu retten. Und sehen wir uns die Sache genauer an, so war auch dieses größte Opfer vergebens. Was ist dadurch ausgerichtet? Muß Gott durch die zuvorkommende Gnade, durch allerlei wunderbare Lockungen und Zuchtmittel, nicht noch immer mit dem Teufel um jede Seele kämpfen, wobei er in den wenigsten Fällen den Sieg davon trägt? Gestehet ihr selbst doch, daß die christliche Kirche nur durch ein

Wunder zu retten sei. Ihr verlaßt euch darauf, daß Gott die Herzen der Ungläubigen in einem Augenblick bekehren kann — ein Wunder, daß er ja gleich nach dem Sündenfall hätte thun können. Wo ist hier die Allweisheit und wo ist hier selbst die Allmacht?

„Gott hat eine vollkommene Welt erschaffen. Er erkennt diese Vollkommenheit selbst an. Die Existenz dieser vollkommnen Welt ist doch also der wirklich erreichte Weltzweck. Der Schöpfer selbst veranlaßt die Zerstörung desselben, kämpft Jahrtausende und giebt das größte Opfer vergebens daran, um die Menschheit zu retten. Und warum die Menschheit? Die vollkommene Welt oder nur die Menschheit? Beide Weltzwecke hängen so lose zusammen, daß man nicht weiß, wie sie durch einander bedingt sind. Und ist es wohl Allmacht und Allweisheit, was sie beide vereinigt, indem eigentlich keiner wirklich erreicht wird?"

„Nun," sagen die Theologen, „du weißt, wie du selig werden kannst, daran laß dir genügen!" — Wo habe ich aber für diesen Glauben die Garantie, den sichern Grund und Boden? — Darauf erfolgt die Antwort: „Was fragst du nach dem Weltzweck? Der Weltzweck geht dich nichts an. Du mußt deine Vernunft gefangen nehmen unter den Gehorsam des Glaubens." So bleibt denn nichts übrig, als: Die Dogmatik muß wieder ihren letzten Trumpf gegen Vernunft und Wissenschaft ausspielen, der eben so viel heißt, als: „Nicht raisonnirt!" Leider aber erklärt sie damit, daß sie den Weltzweck nicht kennt. Sie widerspricht ihrer eignen Definition der Weisheit, welche die besten Mittel zur Erreichung des besten Zweckes anwenden soll. Wo sind hier die besten Mittel, und wo ist der Zweck, den die Dogmatik gar nicht kennt? Sie erklärt endlich, daß sie die dritte und letzte Frage nicht zu beantworten vermag, und so müßte freilich Karl Gutzkow recht behalten, wenn er in seinem Roman: „Wally, die Zweiflerin", sagt: „Religion ist Verzweiflung am Weltzweck."

Mein Philosoph steht also noch mit den beiden letzten Fragen ohne Antwort da. Auch von der christlichen Dogmatik sieht er sich verlassen. Da tritt ihm, ehe er noch zu dem rechten Selbstbewußtsein kommen kann, die Naturwissenschaft mit ihrer objectiven Wirklichkeit entgegen. Sie führt ihn auf den hohen Berg der unmittelbaren Anschauung und Gewißheit. Hier steht ein großes Observatorium, und hier zeigt sie ihm alle Reiche der Welt und ihre Herrlichkeit. Das Copernicanische Weltsystem, physikalisch begründet durch Newtons Gravitationslehre mit ihren beiden Grundkräften, der Centripetal- und Centrifugalkraft, entfaltet vor seinen Augen die ganze unermeßliche Pracht und Herrlichkeit des Kosmos.

Was für Früchte wird meinem Philosophen aber diese großartige Prachtanschauung bringen, wenn er von dem Berge herabgestiegen ist in die stille Zurückgezogenheit der denkenden Betrachtung, und ihm (etwa durch Inspiration?) einfällt, daß er ja nichts haben kann als die Natur, d. h. sein Ich und die sinnlich wahrnehmbaren Objecte, sobald das Uebernatürliche verneint wird; daß die Natur als solche keinen Anfang haben kann. Denn hätte sie einen Anfang gehabt, dann könnte vor derselben ja Nichts gewesen sein, nicht aber ein Anderes als die Natur; Nichts ist aber eben nur Nichts. War also Nichts vor der Natur, dann muß ja die Natur selbst vorher gewesen sein, ehe sie war, und sofort zurück ins Unendliche; denn wie solle sonst die Existenz der Natur möglich geworden sein? Die Natur kann also nur ein absolutes, unendliches Werden, eine Existenz ohne Anfang und Ende sein. Ueberdies liegt diese Nothwendigkeit schon in dem Begriff „Natur" selbst, sobald das Uebernatürliche verneint wird. Natura stammt von nasci; nasci bezeichnet immer die Bedingtheit einer Existenz durch eine vorher dagewesene, vergängliche, und die Existenz eines jeden Naturdinges (d. h. durch die Natur bedingten) setzt immer ihre Bedingtheit rückwärts in's Unendliche, und ihr Bedingen vorwärts in's Unendliche zugleich mit. Dies bezeugt die Art, wie man in populärer Weise gewöhnlich auf die Nothwendigkeit einer ersten Ursache zu kommen sucht. Man fragt: Woher ist der Baum? Aus dem Samenkorn — und das Samenkorn? Von dem Baum ꝛc. ꝛc. — und es ist durchaus kein Grund vorhanden, daß wir mit dieser Causalreihe irgend einmal aufhören und einen ersten Baum oder ein erstes Samenkorn annehmen müßten. Der Schluß, daß wir dies doch thun müssen, ist durchaus keine logische Nothwendigkeit, sondern ein reiner Act der Willkür, dessen wir fähig sind vermöge der übernatürlichen Stellung unsers Bewußtseins. Wir stehen mit unserm Bewußtsein über dieser unendlichen Causalreihe, d. h. über dem Bedingen der Natur und dem Bedingtsein durch dieselbe; wir können daher die Causalreihe nach Belieben eben so gut bei dem dritten oder vierten Baum oder Samenkorn abbrechen, wie bei dem centillionsten, und wir nehmen einen ersten Baum an, weil wir bessen (übernatürliche) Ursache schon haben.

Mein Philosoph findet sich also auf dem Grund und Boden des reinen Naturalismus, und was ist dieser? Das Sich-selbst-Erscheinen der Natur. Wem sollte sie sonst erscheinen? Die Natur erscheint in jedem Bewußtsein sich selbst, denn es giebt nichts Anderes, dem sie erscheinen könnte. In jedem Bewußtsein ist das Subjekt ein Punkt, welches das Naturleben setzt, und welchem es sich selbst als Objekt giebt. Damit setzt die Natur ein Centrum dieses Sich-selbst-Erscheinens, d. h. einen Mittelpunkt, welchem sie erscheint und in welchem sie sich selbst erscheint. Allein dieses Sich-selbst-Erscheinen der Natur ist von unendlich mannigfaltiger Art und von sehr verschiedenem Umfange; das menschliche Bewußtsein aber der Mittelpunkt, in welchem es am Umfassendsten und Vollkommensten vollzogen werden kann. Dies ist der reine Naturalismus mit seinem Gipfel, dem Humanismus.

Wie beantwortet dieser aber jene drei Fragen? O, er wird ohne Schwierigkeit damit fertig! Die Antwort ist schon in dem Begriff Naturalismus selbst gegeben. Die Welt oder Natur ist die Totalität alles sinnlich Wahrnehmbaren; ihr Wesen und Leben, so wie ihr Zweck ist das Sich-selbst-Erscheinen. Sie ist ein unendliches Werden immer von und durch sich selbst, und der Mensch als Centrum dieses Sich-selbst-Erscheinens ist durch die

Natur und eben zu diesem Sich-Selbst-Erscheinen. Können wir mit dieser Antwort zufrieden sein? Müssen wir etwa damit zufrieden sein?

„Nun", sagt mein Philosoph, „so stehe ich denn da in einer Welt, die mir immer ein Räthsel bleibt, weil ich selbst mir zuletzt ein Räthsel bleibe. Die Vernunft sagt mir nur das, was sie weiß und wissen kann, als das sich selbst erscheinende Bewußtsein, aber sie sagt mir nicht, was ich doch eigentlich wissen will. Ich will wissen, wie ich zu dem Objekt „Gott" und dem Begriff „übernatürlich" gekommen bin. Ich will wissen, wie ich zu dem Gottesbewußtsein, zu dem übernatürlichen Gott, gekommen bin. Ist die Existenz der Welt und der Menschheit ein absolutes Werden ohne Anfang und Ende, hat also die Welt und die Menschheit keinen Anfang gehabt, so frage ich: Sind die Menschen immer Menschen gewesen, oder sind sie es nicht gewesen? Sind sie es nicht gewesen, was sind sie denn gewesen, und wie und wodurch sind sie denn Menschen geworden? Können die Naturforscher mit ihren Hypothesen diese Fragen vollkommen befriedigend beantworten? — Nein! Sind die Menschen immer Menschen mit menschlichem Bewußtsein gewesen? Ist der Inhalt eines unendlichen Gesammtbewußtseins der Menschheit und eine unendliche Tradition, — ist die Entwickelung des Gesammtbewußtseins und eine Tradition ohne Anfang auch nur als Möglichkeit denkbar? Ist aber die sich auf den Bericht der Mosaischen Urkunde stützende Annahme, nach welcher das Gesammtbewußtsein der Menschheit sich etwa nach sechs Jahrtausenden datirt, ein Irrthum, eine Selbsttäuschung der Menschheit, wie ist diese zu einer solchen Selbsttäuschung gekommen, und warum erfolgt die Enttäuschung erst jetzt — es würde unser Unglaube doch jetzt diese Enttäuschung sein? — Warum ist sie nicht — man denke nur an die Unendlichkeit einer Vergangenheit ohne Anfang — warum ist sie nicht schon vor Centillionen Jahren erfolgt? Und wäre sie damals erfolgt, hätte man nicht immer wieder fragen können: Warum ist sie nicht vor Centillionen Jahren erfolgt? Doch, was sage ich! Ist wohl in einer Entwickelung des Gesammtbewußtseins der Menschheit ohne Anfang der Anfang einer solchen Selbsttäuschung möglich? Es ist kaum zu begreifen, daß noch Niemandem der Widerspruch aufgefallen ist, dessen die emancipirte Wissenschaft mit ihrer Philosophie der Geschichte sich auf Kathedern und in Schriften schuldig gemacht hat. Sie leugnet direkt oder indirekt die geschichtliche Wirklichkeit der Mosaischen Schöpfungs- und Urgeschichte, und sie muß dieselbe, will sie consequent in der Verneinung des Uebernatürlichen sein, nothwendig leugnen. Sie erklärt dieselbe für Mythe, und doch kann sie die Geschichte nie anders behandeln, als so, daß sie die Wahrheit und Wirklichkeit jener Urgeschichte voraussetzt. Die Geschichte der Menschheit könnte, wie ich schon früher bemerkt habe, gar nicht die sein, welche wir wirklich durchlebt haben; jene Urgeschichte enthält alle Bedingungen dieser wirklich von uns durchlebten Geschichte der Menschheit. Doch ich wiederhole es, fährt mein Philosoph fort, ich wiederhole es, abgesehen von der Geschichte der Menschheit, ich will wissen, wie der übernatürliche Gott Objekt meines Bewußtseins geworden ist, und wie ich überhaupt zu dem Begriffe übernatürlich gekommen bin und kommen konnte, da doch die Vernunft das Uebernatürliche verneint. Ich will wissen, wie es der Vernunft möglich geworden ist, einen Begriff zu verneinen, dessen Verneinung ihr eigentlich unmöglich sein muß, wenn und weil sie ihn verneint. Die Vernunft kann ja nur verneinen, was in ihr bejaht, d. h. was Gegenstand des Bewußtseins ist. Nun ist aber der Begriff „übernatürlich" Gegenstand des Bewußtseins, denn er ist Begriff, während doch in dem Grundverhältniß unsers Bewußtseins, als Wechselwirkung zwischen dem Subjekt und den Objekten, keine Bedingung für diesen Begriff vorhanden ist. Die Vernunft soll mir Auskunft darüber geben, wie sie einerseits einen Begriff verneinen kann, den sie gar nicht haben könnte, andererseits doch aber einen Begriff haben kann, den sie verneinen muß. Allein weder die Philosophie, noch die christliche Dogmatik, noch endlich die Naturwissenschaft hat meine Fragen beantworten können. Soll ich mich aber zu dem

Naturalismus bekennen? Muß ich die Natur als ein unendliches Werden gelten lassen, und bleibt mir das Räthsel „Menschheit" ungelöst, dann hat das Leben für mich keine höhere Bedeutung. Die Unendlichkeit, die keinen Anfang hat, kann für mich keinen Zweck haben. Sie geht mich nichts an, und der Idealismus mit seiner Ueberspannung jeder Möglichkeit der Wahrheit ist mir die albernste Posse. Mir bleibt nur der Moment des Daseins. Nur dieser kann für mich Werth haben, und ich erkläre für volle Wahrheit, was in Schillers Geisterseher der durch den Club Bucentauro in Venedig aufgeklärte deutsche Prinz sagt: „Wenn alles vor mir und hinter mir versinkt — die Vergangenheit im traurigen Einerlei wie ein Reich der Versteinerung hinter mir liegt — wenn die Zukunft mir nichts bietet — wenn ich meines Daseins ganzen Kreis im schmalen Raume der Gegenwart beschlossen sehe, wer verargt es mir, daß ich dieses magere Geschenk der Zeit — den Augenblick — feurig und unersättlich wie einen Freund, den ich zum letzten Male sehe, in meine Arme schließe?" Wohin aber soll diese Wahrheit zuletzt führen?

Ich habe meinen Philosophen sprechen lassen im Namen des dringendsten Bedürfnisses unserer Zeit. Wir stehen jetzt an einem Scheidewege, aber wer erkennt den Scheidepunkt, wo sie beide nach entgegengesetzten Seiten auseinander gehen, und wer sieht, zu welchem Ziele jeder von beiden führt? Immer glaubt man ja, man werde sich mit dem falschen Vernunftbegriff so fortstümpern können; immer freut man sich, „daß wir so trefflich weit gekommen sind" und sieht schon, „wie wir bis über die Sterne weit kommen werden."

Soll das Rechte geschehen, so darf nichts verschwiegen oder vertuscht werden. Soll die Wahrheit siegen, so muß sie laut und deutlich ausgesprochen werden, und sollte sie auch noch so unangenehm sein; kein Irrthum darf im Hinterhalt bleiben und etwa mit dem Mantel der christlichen Liebe zugedeckt werden, denn die Zeit der Entscheidung ist da, wie in dem Leben, so auch in meiner gegenwärtigen Untersuchung. Meine Kritik der ganzen bisherigen

Herrlichkeit alles Wissens und Erkennens hat ihre Schuldigkeit gethan; wir wissen, wie wir mit ihr daran sind. Noch Eins ist rückständig, und auch hier darf die Kritik der Wahrheit nicht untreu werden, und die Wahrheit wird ihr und sich selbst treu bleiben, wenn sie Wahrheit ist.

Die Menschheit wurde von der Reformation an die H. Schrift, als an die Quelle der Wahrheit und des Heils für die ganze Zukunft, gewiesen. Gallomanie, Helenomanie, Germanomanie, Philosophie, Naturwissenschaft und Politik haben ihre Autorität im Großen verkümmert und unwirksam gemacht. Nachdem Confessionen, Sekten, mit einem Worte, kirchliche Parteien, sich ihrer lange bedient hatten, um ihren streitigen Dogmen die göttliche Garantie zu sichern, hat man seit einem Jahrhundert gestritten, ob die Bibel auch wirklich das Wort Gottes sei oder nicht. Es war dies unstreitig eine sehr natürliche Folge jener Streitigkeiten, und es ist nun so weit gekommen, daß man die Bibel nur noch als ein Ergebniß subjektiver Entwickelung des menschlichen Denkens will gelten lassen. Jetzt in dieser bedenklichen Zeit bietet die sogenannte protestantische Neu-Orthodoxie der Menschheit die Bibel von Neuem in dem Sinne der Reformation an, was aber den Gebrauch derselben und ihre Erklärung betrifft, kann sie sich nur wieder auf die Bekenntnisse, d. h. auf die subjektive Majorität der Bekenner zu dieser oder jener Erklärung stützen; es soll also der Glaube an diesen oder jenen Erklärer entscheiden: Noch hat man aber nicht gefragt: **Wie will die Bibel selbst denn erklärt sein? Müßte dies nicht entscheiden? Und läßt es sich ermitteln, wie sie erklärt sein will?** Dies ist unstreitig jetzt die Lebensfrage unserer Zeit. Denn läßt es sich nicht ermitteln, dann bleiben wir auch hier wieder rathlos stehen. Wie haben wir die Sache anzugreifen?

Ich nehme die Bibel gleich in ihrem ersten Satze: „Im Anfang schuf Gott Himmel und Erde" beim Wort. Was heißt das, wenn wir den Satz zergliedern? Im Anfang — also hatte die Welt einen Anfang; es war eine Zeit, wo die Welt nicht war — schuf Gott Himmel und Erde, oder die Welt — in der Zeit, wo die Welt noch nicht war, war Gott, und er erschuf die Welt oder Natur; er bedingte also die ganze Natur, ohne von ihr bedingt zu sein. Was aber ein Anderes bedingt, ohne wieder von demselben bedingt zu sein, steht über demselben. Gott stand und steht also über der Natur. Der Gott der Bibel ist gleich von vornherein der übernatürliche Gott. Das ist das, was die Worte ganz bestimmt aussprechen. So wollen sie verstanden sein. Will man sie anders verstehen, so muß man den Worten andere Begriffe unterlegen. Damit zerstört man aber die Basis der logischen Nothwendigkeit, und macht diese zum Werkzeuge einer willkürlichen Voraussetzung. Ein solches Verfahren nimmt aller Interpretation die objektive Haltung. Es ist die schwerste Sünde gegen die Logik, denn es macht die logische Nothwendigkeit zum haltlosen Spielwerk; es ist zugleich die schwerste Sünde gegen die Vernunft selbst. Hielt man diesen ersten Satz der Bibel für unwahr, so mußte man dies gleich von vornherein beweisen; man mußte beweisen, daß er nicht wahr sein könne, und warum er nicht wahr sein könne, und man mußte die Unmöglichkeit des Begriffs „übernatürlich" und zugleich — die Möglichkeit desselben beweisen.

In der Bibel heißt es dann weiter: Gott habe die Welt in sechs Tagen erschaffen. Man will aus jedem dieser sechs Tage ein oder mehrere Jahrtausende machen. Bedarf denn der übernatürliche Gott, der Alles bedingt, ohne von irgend etwas bedingt zu sein, der die Welt in einem Moment ins Dasein rufen kann, einer so langen Zeit? Wozu also diese Jahrtausende, da es doch ausdrücklich heißt: Es ward Abend, es ward Morgen erster — zweiter Tag ꝛc., die Bibel also auch so verstanden sein will, es sei der Tag nur die Zeit zwischen Morgen und Abend, also ein wirklicher Tag? — Man will die Erschaffung der Welt den Naturgesetzen unterwerfen. Sie soll kein übernatürlicher Act sein. Dann muß man aber auch den übernatürlichen Schöpfer negiren. Soll die Erschaffung der Welt durch die, und zwar, wie man nicht selten noch hinzufügt, ewigen Gesetze der Natur bedingt sein, die noch gar nicht existirt? Muß denn die Natur nicht schon existiren, wenn die Erschaffung der Welt durch die Naturgesetze bedingt sein soll? Oder will man den erschaffenden Gott noch dadurch festhalten, daß man sagt: die ewigen Gesetze der Natur sind in Gott? Dann sind sie ja nicht Naturgesetze, sondern der Wille des ewigen, übernatürlichen Gottes. Die Bedingtheit der Welterschaffung durch die Naturgesetze setzt immer die Präexistenz der Natur voraus, und zwar rückwärts ins Unendliche*); die Natur wird zu einem absoluten, unendlichen Werden, und das, was man Gott nennt, zu einem durchaus entbehrlichen hors d'oeuvre, das dann von selbst wegfallen würde, wäre der reine Naturalismus mit seinem Gipfel, dem Humanismus, aus den S. 26 u. 27 erörterten Gründen, nicht als eine Unmöglichkeit erwiesen.

Die Bibel weiß also von einem solchen Naturalismus nichts. Sie will so verstanden sein, daß die Welt einen Anfang hat, und daß diese das Werk eines übernatürlichen Schöpfers ist. Fragen wir sie: was ist Gott? so antwortet sie gleich im ersten Kapitel: Er ist der ewige, übernatürliche Schöpfer Himmels und der Erden, der übernatürliche Gott. Wohlan! so versuche man es, statt der Bibel einen andern Gott einzuschmuggeln, diese erste, älteste, diese Urwahrheit zu widerlegen.

Was wird aber aus dem Humanismus? Wir fragen die Bibel: Was ist der Mensch? und wir erhalten eine höchst merkwürdige Antwort. Gen. 2, 26. lesen wir: Lasset uns Menschen machen, ein Bild, das uns gleich sei. Gewiß kommt Alles darauf an, daß diese Worte wirklich Gottes Worte sind, nicht etwa blos dem menschlich erdachten, übernatürlichen Gott in den Mund gelegt; also: daß der übernatürliche Gott, der die Welt in sechs Tagen erschaffen hat, nicht ein blos subjektives Product des menschlichen Denkens und Grübelns, sondern eine

---

*) Vgl. S. 75 u. ff.

übernatürliche Wirklichkeit und Nothwendigkeit ist. Zwar Herr v. Humboldt giebt uns in seinem Kosmos (Th. II. S. 382) aus der ungedruckten Schrift seines Bruders eine Stelle zum Besten, welche die Mosaische Schöpfungs- und Urgeschichte gradezu für menschliche Erfindung erklärt. Sie lautet: „Jene Sage trägt auch darin ganz das Gepräge menschlicher Erfindung, daß sie die außer aller Erfahrung liegende Erscheinung des Entstehens des Menschengeschlechts, auf eine innerhalb heutiger Erfahrung liegende Weise, und so erklären will, wie in Zeiten, wo das ganze Menschengeschlecht schon Jahrtausende hindurch bestanden hatte, eine wüste Insel oder ein abgesondertes Gebirgsthal mag bevölkert worden sein (?!!). Vergeblich würde sich das Nachdenken in das Problem jener ersten Entstehung vertieft haben, da der Mensch so an sein Geschlecht und an die Zeit gebunden ist, daß sich ein Einzelner ohne vorhandenes Geschlecht und ohne Vergangenheit gar nicht im menschlichen Dasein fassen läßt*). Ob also in dieser weder auf dem Wege der Gedanken noch der Erfahrung zu entscheidenden Frage jener angeblich traditionelle Zustand der geschichtliche war, oder ob das Menschengeschlecht von seinem Beginnen (?!) an völkerweise den Erdboden bewohnte? darf die Sprachkunde weder aus sich bestimmen, noch die Entscheidung anders woher nehmend, zum Erklärungsgrunde für sich brauchen wollen ꝛc." Wir lassen uns nicht irre machen, wenn Herr W. v. Humboldt erklärt, „es dürfe weder die Sprachkunde aus sich das Problem lösen, noch die Entscheidung anders woher genommen werden", oder wenn Hr. A. v. Humboldt (Kosmos Th. I. S. 87) sagt: „vom eigentlichen Schaffen, als einer Thathandlung, vom Entstehen" als „Anfang des Seins nach dem Nichtsein" haben wir weder Begriff (!) noch Erfahrung." Für die Wahrheit der Mosaischen Schöpfungs- und Urgeschichte bürgt uns jetzt eine in der Organisation unsers Bewußtseins selbst als Thatsache

---

*) Man vergleiche, was ich über die Bedingtheit unsers Bewußtseins durch die Natur und S. 75 über die in dem Begriff „Natur" liegende Nothwendigkeit, ein unendliches Werden zu sein, gesagt habe.

gegebene Nothwendigkeit, die nur noch von Solchen bezweifelt werden kann, welche nicht im Stande sind, dergleichen zu begreifen.

Sind wir aber über diesen Punkt zur entschiedenen Gewißheit gelangt, dann haben wir in jenen Worten Gottes unmittelbar vor Erschaffung des Menschen den Schlüssel zur Beantwortung der wichtigsten Lebensfrage. Sie umfassen nothwendig das ganze Verhältniß Gottes zum Menschen und des Menschen zu Gott, sowie die ganze Bedeutung, Bestimmung und das Schicksal des Menschen und der Menschheit. Unsere Dogmatik ist aber hier noch weit zurück. Sie hat den Inhalt derselben noch kaum erfaßt, geschweige denn, daß sie ihn sollte erschöpft haben.

Christus, unser Herr, sagt Joh. 17, 3. in dem hohenpriesterlichen Gebet: „Das ist das ewige Leben, daß sie dich, daß du allein wahrer Gott bist, und den du gesandt hast, Jesum Christum erkennen. Wir sollen den allein wahren Gott erkennen, diese Erkenntniß ist das ewige Leben. Und doch heißt es wieder: „Gott wohnt in einem Lichte, zu dem Niemand kommen kann." Wie sollen wir den wahren Gott erkennen? Wir vermögen ihn nur zu erkennen, so weit er sich geoffenbaret hat. Haben wir den ganzen Umfang dieser Erkenntniß schon erschöpft? Gott selbst verlangt, daß wir ihn erkennen sollen. Er hat uns ein Bild von sich gegeben, und dieses Bild sind wir selbst. Es heißt ausdrücklich: „ein Bild, das uns gleich sei." Der Mensch, als das Ebenbild Gottes, ist selbst Offenbarung Gottes. Als Gott die Worte sprach: „Lasset uns Menschen machen, ein Bild, das uns gleich sei", da stellte er der Menschheit die Aufgabe, sich selbst, das Bild Gottes, zu erkennen, um das Urbild „Gott" zu erkennen. Und nun muß für uns das Delphische „Kenne dich selbst" erst das rechte Vollgewicht erhalten.

Allein es war diese Aufgabe auch die allerschwierigste. Hat die Menschheit sie bereits ganz gelöst? Beinahe sechs tausend Jahre haben wir hinter uns. Die Philosophie hat ihre Hypothesen erschöpft, um die wichtigsten Lebensfragen zu beantworten, und doch stehen wir noch vor ihr mit der Frage: Ist die große

Aufgabe gelöst? Der Heiland der Welt sprach zu Pilatus: „Ich bin in die Welt gekommen, daß ich die Wahrheit zeuge; wer aus der Wahrheit ist, der höret meine Stimme ꝛc." — und immer noch steht der größte Theil der Menschheit vor ihm als der Pilatus mit der Frage: „Was ist Wahrheit?" Man spricht von Idealen; man träumt sich den Menschen, wie er sein soll, und — man muß immer gestehen, daß es nur Traum war. Sollte die Lösung der Aufgabe unmöglich sein? „Unstreitig", wird vielleicht dieser oder jener Theologe sagen. „Wer vermag denn in dem durch die Sünde entstellten, oder vielmehr verlornen, also gar nicht mehr vorhandenen Ebenbilde noch das Urbild zu erkennen? Wohl hat die Sünde durch die Entstellung des Ebenbildes die Erkenntniß der Wahrheit erschwert. Wohl ist sie die Ursache, daß die große Aufgabe der Menschheit noch immer nicht gelöst ist; sollte sie deshalb aber unmöglich sein, da wir in Christo das reine Ebenbild Gottes haben? Soll aber der Mensch das reine Ebenbild Gottes sein, so muß er doch immer das Bild, jedenfalls das Nachbild sein. Wir können es nicht leugnen, daß die Dogmatik, welcher Confession sie auch angehöre, über den Verlust des göttlichen Ebenbildes, was und wie viel eigentlich davon verloren ist, sich noch sehr im Unklaren befindet. Die verschiedenen Erklärungen und Ansichten bezeugen diese Unklarheit, Beweis genug, daß man über das Ebenbild selbst noch nicht im Klaren ist. Man frage nur einen Bellarmin und die katholischen Theologen, ja man frage die protestantische Dogmatik, die gar von einem natürlich anerschaffenen Ebenbilde spricht, als ob Etwas natürlich anerschaffen sein könnte, und als ob etwas natürlich Anerschaffenes, wenn es möglich wäre, wieder verloren werden könnte.

Schon S. 4, wo sich die Frage herausstellte: Wie soll die Vernunft es anfangen, um zur vollendeten Selbsterkenntniß zu gelangen? konnten wir uns auf das „Kenne dich selbst!" über dem Eingange des Apollotempels zu Delphi, als auf ein wichtiges Zeugniß für die Nothwendigkeit dieser Selbsterkenntniß der Vernunft berufen. Die ganze Wahrheit, die uns zu Theil werden kann, ist eben nur das vollendete Selbstbewußtsein. Wir haben bereits das menschliche Bewußtsein, das Grundverhältniß und Grundgesetz desselben erkannt, und soll der Mensch das Bild (Nachbild) des übernatürlichen Gottes sein, so muß er es ganz sein nach Geist, Seele und Leib, wie der Apostel gleichsam die Bestandtheile des Menschen bezeichnet. Aber wie unterscheidet sich das Bild (Nachbild) von dem Urbilde? Ist der Mensch vermöge seines Bewußtseins das Nachbild des übernatürlichen Gottes, so muß dieser Gott, als das Urbild, auch lebendiges Bewußtsein, ein Ich sein, oder, wie man gewöhnlich sagt, ein lebendiger, persönlicher Gott. Allein das menschliche Bewußtsein ist bedingt durch die Natur, durch die Totalität der sinnlich wahrnehmbaren Objekte; das Bewußtsein „Gott" aber ist unabhängig von aller Bedingtheit. Jene drei den Prozeß des Bewußtseins bezeichnenden Momente*), die Aussage von jedem Objekt: „es ist", dann die Aussage: „ich bin", und endlich die Analysis: „Ich bin ich und das Objekt ist Objekt", können nicht in gleicher Bedeutung auf das Bewußtsein „Gott" angewendet werden. In dem Bewußtsein „Gott" muß ebenfalls die Beziehung auf das, was nicht mit Gott gleiches Wesens ist, als die Aussage „es ist" stattfinden. Gott weiß, daß das von ihm Erschaffene auch existirt, aber nicht, daß es von ihm unabhängig ist. Ferner: der Ausdruck: „Ich bin", kann nicht die Bedeutung haben: Ich gehöre auch zu den Objekten, von denen das „es ist" ausgesagt werden muß; Gott subsummirt damit sich nicht der Natur, der Gesammtheit alles sinnlich Wahrnehmbaren oder Erschaffenen, sondern der Ausdruck „Ich bin" könnte in Gott nur seine Unbedingtheit, seine absolute Selbstständigkeit bezeichnen. In Gott ist das Bewußtsein Ich ein ewiges, unbedingtes; das Bewußtsein: Ich bin kann in Gott nur vergleichsweise stattfinden, in Beziehung auf das Erschaffene, das da zwar ist, aber auch nicht sein könnte, und die Analysis: „Ich bin ich, und das Objekt ist Objekt", ist in Gott

---

*) Siehe S. 5.

nicht Vollziehung des Bewußtseins als Reaktion gegen die Objekte, sondern eben das reine Bewußtsein der unbedingten Selbstständigkeit.

Blicken wir nun zurück auf jene drei Fragen nach dem Wesen, dem ersten Grunde und letzten Zweck aller Dinge, und erinnern wir uns der kritischen Einwendungen meines fingirten Philosophen: so finden wir, daß hinsichtlich der Frage: Woher bin ich und woher ist die ganze Welt? die durch die Verneinung des Uebernatürlichen gegebene Unmöglichkeit eines übernatürlichen Gottes, der im Anfang die ganze Welt, und ursprünglich auch mich, den Menschen, erschaffen hat, beseitigt, und damit die Frage selbst beantwortet ist. Das, was wir Gott nennen, ist nicht blos causa mundi, d. h. die Ursache der Weltexistenz, also Bezeichnung einer bloßen Abstraction, welche, fügen wir gar, um jene Abstraction über die gewöhnlichen zu erheben, und ihr das Ansehen objektiver Realität zu geben, noch das Beiwort „ewig" hinzu, uns grade auf den rechten Weg zum reinen Naturalismus hindrängt. Denn eine ewige Ursache muß auch eine ewige Wirkung haben, und umgekehrt. Eine ewige Ursache ohne ewige Wirkung wäre überhaupt nicht mehr Ursache.

Vorläufig ist aber auch die erste Frage: Was bin ich und was ist die ganze Welt? beantwortet. Ich bin, so wie die ganze Welt, zu der ich gehöre, das Werk des allmächtigen Schöpfers, des übernatürlichen Gottes und das Bild desselben.

Wie steht es aber mit der dritten Frage: Wozu bin ich und wozu ist die ganze Welt? — also nach dem Weltzweck? Wir wissen ja, daß mein kritisirender Philosoph uns den übernatürlichen Gott gelten ließ, und nun erst recht die Widersprüche unserer Dogmatik aufdeckte*). Die Kritik meines fingirten Philosophen

---

*) Beiläufig kann ich hier nicht unterlassen, darauf aufmerksam zu machen, auf welchem Standpunkte, ohne selbst darüber im Klaren zu sein, sich das lichtfreundliche Concilium zu Leipzig befand, als es das apost. Glaubensbekenntniß zeitgemäß zurechtstutzte. Den ersten Artikel: „Ich glaube an Gott, den Vater, allmächtigen Schöpfer Himmels und der Erde" ließ man stehen, fügte aber nur noch „und an Jesum Christum unsern Heiland" hinzu, des christlichen Anstrichs halber.

nöthigte uns zu dem Geständniß, daß wir den Weltzweck nicht kennen, dennoch aber unsern übernatürlichen Gott als den allweisen und den allmächtigen rühmen, der zur Erreichung des besten Zwecks auch die besten Mittel erwähle und anwende, während die ganze Offenbarungsgeschichte von Anfang an diesem widerspreche.

Kann uns vielleicht der übernatürliche Gott selbst durch die Worte: „Lasset uns Menschen machen, ein Bild, das uns gleich sei" aus unserer Noth helfen? Der Mensch soll das Bild des übernatürlichen Gottes sein, aber das Bild, das ihm gleich sei, oder, wie die Dogmatik es ausdrückt, das Ebenbild Gottes; und zwar behauptet sie, der Mensch habe das Ebenbild Gottes verloren. Es ist diese Behauptung besonders wichtig, weil durch diesen Verlust und die Wiederherstellung desselben der Verlauf der ganzen Offenbarungsgeschichte, ja der ganzen Geschichte der Menschheit und Weltgeschichte bedingt ist. Wir stehen hier bei dem entscheidenden Punkte.

Wir haben aus Gründen, die an sich gerechtfertigt sind, die Behauptung aufgestellt, der Mensch sei nothwendig das Bild oder Nachbild Gottes, und so lange er Mensch sei, bleibe er es auch; er könne es also auch nur verlieren durch wirkliche Verthierung. Ob eine solche möglich sei? Wir dürfen nicht zu stolz die Unmöglichkeit behaupten, da mehr als ein Beispiel solcher Verthierungen bekannt ist, als Erfahrungen, welche bezeugen, daß Menschen, in frühester Kindheit aus der Gemeinschaft mit Menschen unter die Thiere und unter thierische Pflege gerathen, auch wirklich bis auf die Möglichkeit, wieder Menschen zu werden, zu Thieren ohne Sprache, ohne Vernunft und Gottesbewußtsein geworden sind.

So viel aber steht fest: so lange der Mensch noch mit Menschen durch sprachliche Mittheilung in Gemeinschaft lebt, so lange hört er, ungeachtet der ärgsten Verwilderung, nicht auf, Mensch zu sein; und ist sein Bewußtsein auch wirklich unter seine Schranke, in die thierische Beschränktheit hinabgesunken, so kann es doch wieder über diese Schranke der Natur zur übernatürlichen Stellung erhoben werden.*) Wie bedeutsam ist es daher, wenn Gott, als er dem Adam die Thiere vorgeführt, und dieser ihnen Namen gegeben, aber unter ihnen keine Gehülfin gefunden hatte, mit welcher er sprechen konnte, die merkwürdigen Worte sprach: „Es ist nicht gut, daß der Mensch allein sei."

Kann aber das Nachbild, durch welches der Mensch eben Mensch ist, nur verloren gehen, wenn er zum Thier wird, dann stellt sich wieder die Frage heraus: Was war denn das Ebenbild, das so allgemein verloren ging? Was war das, wodurch das Nachbild zum Ebenbilde wurde? Wir müssen hier scharf und streng untersuchen und daher das Nachbild zuerst genauer kennen lernen.

Ist der Mensch das Bild Gottes, und ist das Urbild „Gott" Bewußtsein: so müssen wir das menschliche Bewußtsein, das Nachbild des Urbildes, zunächst wieder genau darauf ansehen. Das Bewußtsein des Menschen ist, wie wir bereits wissen, Wechselwirkung des Ichs mit sich selbst; es ist sich selbst Objekt, und wir erkennen also in unserm Bewußtsein auch ein dreifaches Ich, das Ich als Subjekt, das Ich als Objekt, und das Ich als Bewußtsein und doch als Eins und Dasselbe. Wir haben hier offenbar das Nachbild der Dreieinigkeit. Wir können uns aber das Bewußtsein gar nicht anders denken, denn wir können uns nur den Begriff „Bewußtsein" zergliedern, so wie uns überhaupt nur der Begriff als das Wesen eines Dinges gegeben ist. Das Wesen an sich d. h. unabhängig von unserm Bewußtsein d. h. von dem Grundverhältniß und Grundgesetz desselben, dieses metaphysische ὄντως ὄν des Aristoteles, liegt außer dem Bereiche unsers Bewußtseins, und es kann keine Wesenlehre (Ontologie), sondern nur eine Begriffslehre geben. Ist aber das Wesen d. h. der Begriff „Bewußtsein" so, wie wir es jetzt erkannt haben, so haben wir damit auch die Nothwendigkeit des Bewußtseins „Gott", des

---

*) Vergl. S. 10. So viel ist gewiß, ein solcher verthierter Mensch würde, wäre er nicht wieder zu Menschen gekommen, an und durch sich selbst nie wieder Mensch geworden sein.

Urbildes erkannt, wie sie uns in dem Nachbilde gegeben ist. Mit Recht können wir das Ich als Subjekt und Objekt, sowie die Wechselwirkung beider, die Bedingungen des Bewußtseins, als Theile des Begriffs "Bewußtsein" gelten lassen; wir müssen uns aber wohl hüten, die Theilbarkeit auf das Bewußtsein selbst anzuwenden. Von dem Urbilde "Gott" wird man uns wohl ohne Bedenken dies zugeben, als gegen die Dreieinigkeit entscheidend, wenn wir sagen Theilbarkeit ist gleich der Zerstörbarkeit. In Gott kann aber nichts theilbar sein, und kein Theilen stattfinden, denn der Theil ist immer ein Unvollkommnes; vollkommen kann nur das Ganze sein. In Gott kann nichts Unvollkommnes sein. Daraus folgt aber für das Bewußtsein "Gott," daß in dem Subjekt und Objekt, sowie in der Wechselwirkung beider, Gott immer ganz und ungetheilt sein muß. "Wie?" wird man fragen, "ungetheilt?" Wenn Gott als Subjekt und in dem Subjekt ganz ist, wie kann er dann noch als Objekt und in diesem ganz sein? Dieser Einwurf hebt sich schon dadurch, daß in dem Nachbilde dasselbe stattfindet. Ist das Ich als Subjekt und Objekt, sowie in der Wechselwirkung beider, als Bewußtsein, nicht immer Dasselbe und ganz? Was wir theilen ist immer nur der Begriff "Bewußtsein." Was unterscheidet aber das Nachbild und Urbild? Die Bedingtheit und Unbedingtheit. Das Nachbild ist bedingt durch die Natur. Das Urbild "Gott," als ewiges Bewußtsein, ist durch nichts bedingt. Es ist Alles, was es ist, in und durch sich selbst. Sein Ich ist immer ein Absolutes, als Subjekt und als Objekt und als Wechselwirkung beider. Es ist immer Gott selbst, immer als ein selbstständiges, und jedesmal dasselbe. Es ist ein lebendiges Princip seines Seins und Wirkens, eine Hypostase, oder, wie man es nennt, eine Person, und diese Dreiheit stellt uns mit ihrer Einheit und Verschiedenheit die ganze Lebensfülle des Bewußtseins "Gott" dar. Das menschliche Bewußtsein ist also in der That das Nachbild oder Bild der Dreieinigkeit; die Theile desselben, also Subjekt, Objekt und die Wechselwirkung beider, sind also Theile eines Bildes, und darum und in so fern auch bildlich. Die

Natur zeichnet uns in dem menschlichen Bewußtsein schon immer das Bild des dreieinigen Gottes, während in dem Urbilde „Gott" Alles Wesen und wesentlich ist, wir aber eben nur im Bilde zu erkennen vermögen. So ist also das menschliche Bewußtsein das Nachbild gleichsam des In-sich-seins des Bewußtseins „Gott." Allein das Nachbild hat noch einen größern Umfang.

Das menschliche Bewußtsein ist bedingt durch die Natur, aber es ist zugleich über diese Bedingtheit durch die Natur, also über seine eigne und die Schranke der Natur erhaben, zur übernatürlichen Stellung; es ist in so fern vermöge seiner dadurch gegebenen bedingten Freiheit das Bild der absoluten Freiheit, des übernatürlichen Gottes, welcher Alles bedingt, ohne von irgend Etwas bedingt zu sein, als durch sich selbst. Ferner: erhoben über die Bedingtheit durch die Natur, muß das menschliche Bewußtsein das Bild des ewigen Gottes, also unsterblich sein*). Wir erkannten (S. 9) in dieser bedingten Freiheit und dem dadurch gegebenen Vermögen zu bejahen und zu verneinen, die innere Bedingung der Sprachfähigkeit, und die Sprache als Zeugin für die übernatürliche Stellung unsers Bewußtseins. Der Mensch kann den Inhalt seines Bewußtseins Andern mittheilen und den Bewußtseins-Inhalt Anderer in sich aufnehmen, und er ist in so fern das Bild des sich offenbarenden Gottes.

Kann aber der Mensch auch vermöge seines Leibes ein Nachbild Gottes sein? Hat denn Gott einen Leib? Ist Gott

---

*) Ich kenne keinen andern Beweis für die Unsterblichkeit der Seele, als die Nothwendigkeit des göttlichen Ebenbildes und die Auferstehung meines Heilandes und sein Wort. Die Natur sagt uns nichts davon. Wir haben von Natur kein Recht zu verlangen, daß es mit uns nach dem Tode anders sein soll, als vor unserer Geburt. Wir wissen aber, daß wir vor unserer Geburt nicht existirt haben. Denn wir wissen eben nichts von unserer Existenz vor derselben, unser Bewußtsein kann also keinesweges vor derselben stattgefunden haben. Alles, was die Philosophie von dem Phädon des Plato an bis auf den Epizon des Syntenis und die neuesten Beweisversuche aufgestellt hat, stellt uns nur die Nothwendigkeit dar, immer neue Beweise zu erfinden. Die Unsterblichkeitslehre der Philosophie gleicht dem unfruchtbaren Feigenbaume, der nur Blätter, aber keine Früchte trug.

wirklich auf Erden in leiblicher Gestalt erschienen? Sprach Gott aber vielleicht in leiblicher Gestalt auf Erden jene Worte: „Lasset uns Menschen machen, ein Bild das uns gleich sei?" Wir lassen dies jetzt hier noch dahin gestellt sein. Wir haben es vorläufig nur mit der Beantwortung der Frage zu thun: Konnte Gott in menschlicher Gestalt mit einem menschlichen Leibe erscheinen? Und warum nicht? Warum sollte es Gott, dem Absoluten, der Alles bedingt, ohne von irgend Etwas bedingt zu sein, dem Schrankenlosen, der eine Welt erschaffen konnte, unmöglich sein? Ist dies aber der Fall, dann können wir auch ohne Bedenken in dem menschlichen Leibe das Nachbild eines göttlichen Urbildes erkennen.

Die menschliche Gestalt, sowie der ganze Organismus des menschlichen Leibes, war die einzige sinnliche Form, welche Gott annehmen konnte, wollte er hier auf Erden in einer seiner würdigen sinnlich wahrnehmbaren Gestalt erscheinen. Er mußte in die ganze Bedingtheit durch die Natur unsers Weltkörpers eintreten und einen Leib, und zwar nicht einen Scheinleib, denn Gott kann nicht durch Schein täuschen, sondern einen wirklichen Leib annehmen, der eben so wohl durch die Natur unseres Weltkörpers, wie durch sein, des übernatürlichen Gottes, eignes Wesen bedingt war. Diese Nothwendigkeit des Urbildes spricht sich deutlich genug in dem Nachbilde aus. Z. B. in der aufrechten Stellung und Haltung des Leibes. Dieser berührt die Erde nur mit den Füßen, das Haupt erhebt sich zum Himmel und blickt von oben, von der ganzen Höhe des Leibes, auf die Erde hinab; denn Gott, als der sinnlich Wahrnehmbare, ist ein Fremdling auf Erden. Ferner spricht sich die Bedingtheit durch das Wesen des übernatürlichen Gottes aus in den schönen und edlen Formen und Verhältnissen der Theile und Glieder des Menschen, und in dem Antlitz desselben, das man, erschien es in seiner wahren Urschönheit, ein Portrait des sichtbar gewordenen Gottes nennen könnte. In dem sprechenden Ausdruck der innern Lebensthätigkeit durch Mienen und Geberden, auch in der Fähigkeit des Leibes und seiner Glieder zu Thätigkeiten, welche die Bestimmung zur Herrschaft über die Natur bezeichnen. Endlich sind alle übrigen lebenden Geschöpfe gegen die Witterung und gegen die zerstörenden Angriffe ihrer Mitgeschöpfe geschützt durch Haare, dicke Häute, Schuppen, knochige Bedeckungen, auch wohl bewaffnet mit Hörnern, Klauen ꝛc., sie sind so viel als möglich gerüstet zum Widerstande im Naturstreit. Der Mensch entbehrt aller dieser natürlichen, leiblichen Schutzmittel. Er ist ganz wehrlos, sein Körper ist nicht einmal mit Haaren bedeckt. Warum? Gott, das Urbild bedurfte solcher Schutzmittel und Waffen nicht, er ist auch in leiblicher Erscheinung erhaben über den Naturstreit. Er ist der Allmächtige, sein Wille beherrscht die Natur, und eben so sollte der Mensch, als das Ebenbild, als das Bild, das Gott gleich sein sollte, erhaben sein über den Naturstreit, darstellend die Schönheit, Kraft und Hoheit des Urbildes, des sinnlich wahrnehmbaren Erscheinens des übernatürlichen Gottes. Es ist, als hätte die Kunst der Griechen in ihren Götteridealen noch eine Anschauung von dieser Wahrheit geben sollen.

Die Entstellung dieser Urschönheit des Menschen zeugt allerdings von dem Verlust des göttlichen Ebenbildes. Müssen wir nun untersuchen, was da eigentlich verloren gegangen ist, so müssen wir zuerst wissen, was denn das war, wodurch das Nachbild des übernatürlichen Gottes das Ebenbild desselben sein konnte. Da es aber verloren ist, also in dem Bewußtsein des Menschen nicht mehr gefunden werden kann, so ist es nur noch in dem Urbilde zu suchen. Da wir aber doch das Urbild eben aus dem Nachbilde und Ebenbilde zu erkennen hätten, so befinden wir uns offenbar hier an der Grenze, wo wir nicht weiter können.

Wir wissen ja aber, wo wir uns Rath zu holen haben. Woher haben wir denn die Erkenntniß des wahren übernatürlichen Gottes, des Schöpfers der Welt? Woher haben wir das, was wir von seinem Ebenbilde wissen können? Leitet uns doch schon der Verlust des Ebenbildes, als Quell der Sünde, zu dem Evangelium von der Versöhnung des Menschen mit Gott, zu dem Wesentlichen des Christenthums, — denn diese Versöhnung ist das Wesen desselben, und somit dahin, wo wir das, was wir bis jetzt noch in dem Urbilde vermißt haben, nur finden können, nämlich in dem Neuen Testament. Hier wird uns gesagt: „Also hat Gott die Welt geliebet, daß er seinen eingebornen Sohn gab ꝛc." Beständig und überall ist die Rede von seiner Liebe, Gnade und Erbarmung. Es wird gesagt, Gott sei, um die Menschheit vom ewigen Verderben zu retten, selbst in seinem Sohne Mensch geworden, und habe die Schuld und Strafe selbst auf sich genommen. Der Apostel Johannes in seinem ersten Briefe (4, 8) sagt geradezu: „Gott ist die Liebe," und der Apostel Paulus 1. Cor. 13, 13. nennt die Liebe die größte unter den Dreien, Glaube, Hoffnung und Liebe, und giebt deutlich zu verstehen, daß sie allein bleiben werde, denn er sagt: die Liebe höret nimmer auf. Gott ist die Liebe. Er ist nicht ein Wesen, eine Substanz, dessen Inhärenz Liebe ist. Nein, Er ist die Liebe; sie ist sein innerstes Wesen, die Substanz „Gott" selbst. Darum spricht der Apostel Paulus: „Die Liebe hört nimmer auf, wohl aber der Glaube und die Hoffnung, denn Glaube und Hoffnung sind allein auf der Seite des Menschen, und sie hören auf, wenn die Hoffnung endlich ganz erfüllt ist; aber die Liebe ist ewig, denn die Liebe ist Gott selbst. Auch ist die Liebe zugleich Bewußtsein; denn was wäre Liebe ohne Bewußtsein? Hiermit tritt unsere Gotteserkenntniß in eine neue Phase, und es eröffnet sich uns ein tieferer Einblick in das innerste Wesen Gottes. Die Liebe muß eben so, wie das Bewußtsein, ein Objekt haben. Liebe ohne Gegenstand, der geliebt wird, ist ein Unding, ist unmöglich. Was soll aber der Gegenstand der Liebe, die eben Gott ist, sein? Die Welt oder Natur? Unstreitig, denn sie ist ja Gottes Werk, und die Schrift sagt: Also hat Gott die Welt geliebt ꝛc. Aber Gott ist die ewige Liebe, und die ewige Liebe bedarf auch eines ewigen Gegenstandes. Dann kann dieser Gegenstand aber nicht ein Erschaffenes sein. Er muß gleiches Wesens sein mit Gott, denn Er muß gleichfalls ewig sein. Er kann aber eben nur Gott selbst sein. Gott also zugleich das liebende Subjekt und das geliebte Objekt, und die Wechselwirkung beider. Diese Wechselwirkung selbst ist das eigentliche Leben der Liebe. Wir finden in dem Begriff der ewigen Liebe dasselbe Verhältniß, wie in dem Begriff „Bewußtsein". Der Begriff der ewigen Liebe ist in so fern identisch mit dem Begriff Bewußtsein.

Bemerkenswerth ist aber noch, daß die Offenbarungslehre, durch die H. Schrift ausdrücklich dazu berechtigt, in „Gott" der ewigen Liebe, die zugleich das ewige Bewußtsein ist, das Subjekt den Vater, das Objekt den Sohn, die Wechselwirkung beider den Heiligen Geist nennt. Es hat dieser Anthropomorphismus eine sehr tiefe und umfassende Bedeutung. Gott ist die Liebe, das ist sein Wesen, seine Substanz, die Urkraft, die sich immer selbst erzeugende, ewige. Sie ist selbst die Erzeugerin und die Erzeugte, Vater und Sohn, darum die Wechselwirkung beider, als des Subjekts und des Objekts, das eigentliche Leben der reinsten Liebe, der Heilige Geist, als das lebendige Bewußtsein Gottes. Das menschliche Bewußtsein, wie wohl es auch Geist genannt wird, ist doch an sich nicht der Heilige Geist; denn es ist nicht bedingt rein in und durch sich selbst, sondern durch die Objekte außer demselben, durch die vergängliche, d. h. entstehende und vergehende Natur. Diese Dreiheit stellt uns mit ihrer Einheit und Verschiedenheit, da Gott, das Objekt der ewigen Liebe und des Bewußtseins, doch ein Anderes sein muß, als Gott das Subjekt, und doch dasselbe wieder wie das Subjekt, und eben so der Heilige Geist die Wechselwirkung beider, als das Leben der ewigen Liebe und des ewigen Bewußtseins eben so — ich sage, diese Dreiheit stellt uns die ganze Lebensfülle der ewigen Liebe, also die Gottheit dar nach der innern Nothwendigkeit ihres ursprünglichen Begriffs.

Die Dreieinigkeit, sagt man, ist ein undurchbringliches Geheimniß und an sich, als metaphysisches ὄντως ὄν, ist und bleibt sie es allerdings. Die tiefere wesentliche Wirklichkeit, dieses Einssein und zugleich gegenseitig ein Anderessein der göttlichen Hypostasen liegt eben so außer dem Bereiche unsers Bewußtseins, wie die Einheit in der unendlichen Vielheit der Natur. Aber die Nothwendigkeit in dem Begriff „Gottheit", wie sie uns gegeben ist durch die Offenbarung Gottes als des übernatürlichen Schöpfers der Welt und als der ewigen Liebe und des ewigen Bewußtseins, begründet durch die Erforschung dieser Begriffe eine Erkenntniß dieses Geheimnisses, die uns vollkommen genügen kann, die aber bisher unserer Dogmatik fremd geblieben ist, wo so Vieles noch als objektives Geheimniß gilt, was nur subjektive Unklarheit ist. Wie fruchtbar aber diese Erkenntniß für die wissenschaftliche Haltung und Gestaltung unserer christlichen Dogmatik und Theologie ist, wird sich bald zeigen.

Jetzt müssen wir zunächst mit dem göttlichen Ebenbilde in's Reine kommen. Wir fragen deshalb: Ist denn der Mensch nicht auch das Nachbild Gottes, als der ewigen Liebe? Ist, wie in dem menschlichen Bewußtsein das Ich sich selbst das Objekt des Wissens ist, dieses Ich sich selbst nicht auch Objekt der Liebe? Gewiß, und dasselbe soll es auch sein. Der Mensch kann und soll sich nicht hassen, er könnte ja sonst nicht selig werden und sein wollen. Aber das Ich ist zugleich das Prinzip der Selbstheit, des Für-sich-seins. Das Ich „Mensch" ist eben sowohl eine solche Selbstheit, wie das Ich „Gott". Beide verhalten sich in dieser ihrer Selbstheit, wie Nachbild und Urbild. Jedoch ist in dieser zwiefachen Selbstheit das Princip der Getrenntheit gegeben. Wenn Gott in seinem Sohn sich selbst Objekt der ewigen Liebe ist, so ist seine Liebe die Liebe der ewigen Vollkommenheit. Der Mensch aber, wenn er sein Ich, d. h. wenn sein Ich nur sich selbst liebt und in dieser Liebe für sich selbst lebt, liebt ein Geschöpf, das nicht mit Gott gleiches Wesens ist; er liebt sich, wie er bedingt ist durch die Natur. Seine Eigenliebe ist nicht der Heilige Geist, und sie ist in so fern nicht das Ebenbild Gottes. Die Liebe Gottes, wie die Schrift sagt, ist nicht in ihm. Als Gott sich dem Menschen als Objekt des Bewußtseins gab, da wurde dem Menschen eine zwiefache Objektivität gegeben, Gott und die Natur (Welt), und Gott zugleich als der höchste Gegenstand der Liebe. Denn der übernatürliche Gott, der alles Existirende, die ganze Natur bedingt, ohne von ihr wieder bedingt zu sein, ist auch schon deshalb würdig, **über Alles** geliebt zu sein. Durch diese Wechselwirkung der Liebe zwischen Gott und dem Menschen ist der Mensch erst das wahre Ebenbild Gottes, wenn dieser als Objekt des Bewußtseins auch das höchste Objekt der Liebe des Menschen, und so das Princip seines Wissens, Denkens und Wollens, mit einem Worte, seines ganzen Lebens ist. Dann lebt Gott in ihm; Gott liebt in ihm sein Bild. Er liebt sein Bild in einem Bewußtsein, das mit ihm nicht gleiches Wesens ist, wie er es liebt als den Abglanz seiner Herrlichkeit in seinem Sohn, der mit ihm gleiches Wesens ist. Der Mensch, als Bewußtsein das Bild der Dreieinigkeit, ist dann das Ebenbild der ewigen Liebe. Die ewige Liebe offenbart sich in dem Menschen und durch denselben eben darin, daß der Mensch Gott über Alles liebt, in dieser Liebe zu Gott. Liebt der Mensch Gott mehr als sich selbst und als Alles, als die ganze Welt, dann lebt Gott in dem Menschen, beherrscht in ihm und durch ihn die ganze Natur.

Wie? **Die ganze Natur durch den Menschen?** Kann denn Gott der Allmächtige die Natur nicht unmittelbar selbst beherrschen? Wie kann er die **ganze Natur durch den Menschen** hier auf Erden beherrschen?

Wir sind hier zu dem Punkte gelangt, wo uns die Kritik jenes fingirten Philosophen mit ihrer ganzen Energie entgegentritt. Der Verlust des göttlichen Ebenbildes erinnert uns an die Fragen desselben: Wenn Gott (der übernatürliche), am siebenten Tage nach vollbrachter Erschaffung der Welt, Alles für sehr gut erklärte, warum erhielt er, der Allmächtige und Allweise, sein Werk nicht in dieser Vollkommenheit? Warum provocirte er durch ein dem ersten Menschen gestelltes Verbot die gottfeindliche Macht, sein herrliches Werk zu verderben? Und überhaupt, **woher** diese gottfeindliche Macht, die das Werk des Allmächtigen und Allweisen verderben konnte?

Die Lehre von einem Satan, als Verführer des ersten

Menschenpaares, also von einer gottfeindlichen, übernatürlichen Macht, hat dem Rationalismus, d. h. dem, was bis jetzt als Vernunft gegolten hat, als das größte dogmatische Skandalon nach der Dreieinigkeitslehre, großen Anstoß und Aergerniß gegeben, weil man nicht über die Alternative hinwegkommen konnte, daß entweder Gott, der doch die lebendig reale Idee des Guten sein soll, selbst den Satan als Satan erschaffen habe, also der Urheber des Bösen sei, oder daß der Satan, als Princip des Bösen, auch Gott, dem Prinzip des Guten, zur Seite oder ihm gegenüber, ebenfalls eine ewige, unerschaffene, lebendige Persönlichkeit sein müsse. Das Erste sei eine Unmöglichkeit, und das zweite, dieser furchtbare Dualismus, vernichte wieder den Begriff des Guten und hebe den Gegensatz „gut und böse" auf; denn gut ist, wie Lord Byrons Lucifer sagt, von beiden Mächten nur die, welche die stärkere ist. Ueberdies ist ja auch die Möglichkeit eines zweiten Absoluten gar nicht denkbar. Ferner lasse die Möglichkeit, daß übernatürliche, gut erschaffene Wesen fallen und böse werden könnten, sich wieder als ein Widerspruch in sich und deshalb als eine Unmöglichkeit erkennen, denn es sei ja in dem Begriff des Guten durchaus keine Bedingung, kein Element des Bösen denkbar. Gott könne also die Engel auch nicht wirklich gut erschaffen haben, weil sie böse werden konnten und er sei und bleibe also immer der Urheber des Bösen, denn er müsse doch jedenfalls das Böse gewollt haben.

Absichtlich nannte ich oben im Sinne des Rationalismus Gott die lebendig reale Idee des Guten. Die Idee des Guten ist aber eben Idee d. h. subjektiv Gedachtes, und sie bleibt eine subjektiv gedachte, wenn sie auch als lebendig reale oder als Persönlichkeit gedacht wird; sie ist noch nicht objektive Wirklichkeit. Ebenso ist auch die Idee des Bösen, als Idee, und diese als Satan oder Teufel, d. h. als reale Persönlichkeit gedacht, ebenfalls nur eine gedachte oder subjektive. Wir sehen zugleich, wie hier der Boden hohl ist. Beide, Gott und Teufel, stehen auf demselben hohlen Boden der bloßen Subjektivität. Um uns den Weg zur endlichen Lösung der hier stattfindenden Widersprüche zu bahnen, müssen wir auch in Gott folgende Unmöglichkeit als unbestreitbare Nothwendigkeit erkennen:

„Gott kann nichts erschaffen, was mit Ihm gleiches Wesens wäre. Das Absolute d. h. das Unbedingte konnte Gott nicht erschaffen; das ist Er selbst, und Er kann sich nicht noch einmal erschaffen, denn was Er erschafft, ist eben durch ihn bedingt. Darum sagen wir Deutsche ganz richtig: Bei Gott ist kein Ding d. h. kein Bedingtes unmöglich. Gott konnte also gute Wesen nicht in dem Sinne erschaffen, wie der Erlöser den Begriff versteht, wenn er sagt: Niemand ist gut, denn der alleinige Gott, d. h. Er konnte sie nicht erschaffen, als mit Ihm gleiches Wesens."

Diese Nothwendigkeit ist durch eine Nothwendigkeit bedingt, die eben so ewig ist, wie Gott selbst, denn Gott selbst ist diese Nothwendigkeit, und sie kann auch von der göttlichen Allmacht nicht überwunden werden, weil der Allmächtige selbst sie ist.

Dies drängt uns aber zu der Frage: Wie verträgt sich dies damit, daß es heißt: „Gott sahe an Alles, was er gemacht hatte, und siehe, es war sehr gut? Was nöthigt überhaupt den übernatürlichen Gott, eine Schöpfung ins Dasein zu rufen, welche doch eigentlich nie ganz vollkommen sein und bleiben konnte, und warum konnte der Allweise und Allmächtige, nachdem er sie einmal ins Dasein gerufen hatte, sie nicht in dem Maße von Vollkommenheit erhalten, dessen sie doch fähig sein mußte?

Also: warum rief Gott die Welt oder vielmehr die ganze Schöpfung ins Dasein? Dies ist eigentlich die erste und umfassendste Frage. Es ist die Frage nach dem Weltzweck — wozu bin ich und die ganze Welt oder Schöpfung?

Wir wissen: Gott ist die Liebe; die ewige Liebe ist seine Substanz, sein innerstes Wesen. Er, als der Dreieinige, ist die ganze Fülle dieser Liebe. Genügte ihm die Fülle dieser Herrlichkeit und Seligkeit nicht? Wir müssen nothwendig sagen: „nein."

Es ist das Wesen der ewigen Liebe, außer sich in's Unendliche zu wirken. Sie ist die schrankenlose; sie kann innerhalb ihrer selbst nicht bleiben. Mit einem Worte, sie muß sich offenbaren, und diese Offenbarung war der Zweck der Schöpfung, und zwar eben die Offenbarung dieser Liebe als des innersten Wesens Gottes. Gott also erschuf die Welt. War es aber schon Offenbarung Gottes, wenn er die großen Weltkörper, gleichsam den kosmischen Rohbau ins Dasein rief? Nein. War es schon Offenbarung Gottes, wenn er die Erde mit den Organismen des Pflanzenreichs bekleidete? Nein. Gott offenbarte in beiden Fällen sich nur sich selbst. Wenn er aber die Erde mit allen den mannigfaltigen Thiergattungen belebte, also das bewußte Leben erschuf? Nein; die Natur offenbarte sich dadurch nur sich selbst. Und als er den Menschen erschuf? War der Mensch so, wie seine Existenz nur durch die Natur bedingt ist, dann hatte er keinen wesentlichen Vorzug vor den Thieren. Aber zuletzt gab Gott selbst sich dem Menschen als Objekt des Bewußtseins, und das war eigentlich erst die Offenbarung Gottes. Nun erst wurde auch die ganze Natur zur Offenbarung desselben. Indem Gott selbst sich dem Menschen als Objekt des Bewußtseins gab, gab er demselben das Höchste und mit diesem die ganze Welt. Offenbarte aber damit Gott dem Menschen seine Weisheit und Allmacht, so war dies gewissermaßen erst die äußere Seite seiner Herrlichkeit. Gott wollte auch sein Inneres, seine Heiligkeit und Gerechtigkeit, und endlich sein Innerstes als die ewige Liebe offenbaren. **Dies war und ist der Weltzweck.** — Die Antwort auf jene dritte Frage: Wozu bin ich und wozu ist die ganze Welt. — Der Deismus läßt sich zur Noth allenfalls die Erschaffung der Welt und die Allmacht und Weisheit Gottes gefallen; der Naturalismus aber will auch von dieser und von einem Gott, der die Welt erschaffen hat, nichts wissen, und kann nichts davon wissen wollen. Jener hat noch keinen Begriff von dem Weltzweck, und was dieser für den Weltzweck hält, wissen wir bereits.

Jetzt stehen wir bei der Frage: Woher der Satan? Daß

Gott ihn nicht als Satan erschaffen haben kann, ist wohl eben so gewiß, als daß er nicht ein von Ewigkeit existirendes gottfeindliches Wesen sein kann. Die Dogmatik erklärt den Satan und die Teufel für gefallene Engel. Was ist hiervon zu halten? Der Rationalismus meinte der Sache auf den Grund gekommen zu sein, wenn er die ganze Teufelslehre von dem Dualismus im innern Asien, von den beiden Grundwesen des Parsismus herleitete; und es war ihm und mußte ihm die Annahme, daß die Juden ihre Dämologie aus dem babylonischen Exil mitgebracht hatten, als vollkommen vernünftig erscheinen. Dann war dieselbe aber ursprünglich ein Philosophem, um den Gegensatz „gut und böse," welcher der ganzen Entwickelungsgeschichte der Menschheit zum Grunde liegt, und den Ursprung des Bösen zu erklären; also eine menschliche Erfindung. Dann ist und bleibt aber eben so auch das ganze Christenthum und die Bibel menschliche Erfindung, und diese rationalistische Lösung des Räthsels versetzt uns sogleich wieder auf den Grund und Boden aller der Räthsel, welche durch die Verneinung des Uebernatürlichen im Naturalismus unlösbar bleiben.

Wir müssen einen Augenblick bei der Lehre von den Engeln verweilen. Was ist ein Engel? — Ein übernatürliches Wesen, das, wiewohl von Gott erschaffen, doch aber nicht durch die Natur und deren Nothwendigkeit bedingt ist. Ein Engel ist also nicht Bewohner irgend eines Weltkörpers, denn alsdann wäre seine Existenz durch die Natur desselben, also durch die Natur überhaupt bedingt, und er wäre an den Weltkörper gebunden und kein übernatürliches Wesen. Er ist also nur unmittelbar bedingt durch Gott, und zwar seine ganze Existenz, sein Wesen, Wollen und Wirken. Er kann sein und wirken, wo Gott will, daß er sein und wirken soll, aber er ist nicht, wie Gott, überall. Er kann sich nur immer an einem bestimmten Ort befinden. Er nimmt also insofern einen Raum, und zwar einen beschränkten Raum ein. Sein eigentliches Selbst ist daher begränzt, und sofern, was einen begränzten Raum einnimmt, ein Körper ist, könnte man dies seine Leiblichkeit nennen, deren Wirken und Erscheinen, als einer übernatürlichen, aber bedingt ist durch seinen Willen, sofern dieser Eins ist mit dem Willen Gottes. Da der Engel nun nicht durch die Natur, sondern nur durch den Willen Gottes bedingt ist, so kann er auch in sinnlich wahrnehmbarer Gestalt erscheinen, z. B. auf unserer Erde in menschlicher Gestalt, und zwar nicht mit einem Scheinkörper. Bei Abraham werden den Engeln die Füße gewaschen, sie essen und trinken. Weil aber dieses Erscheinen der Engel in menschlicher Gestalt ganz durch den Willen Gottes bedingt ist, so erklärt sich leicht, „wie im A. T. auch Gott selbst in dieser Gestalt erscheint, und wie daselbst viele Angelophanien eigentlich Theophanien sind." Diese Begriffsdiagnose ist bestimmt auch in dem Namen Ἄγγελος (Bote) ausgesprochen. Die Engel sind gleichsam die Reisenden im Universum.

Zugleich ergiebt sich hier eine wichtige, bisher noch nicht beachtete Unterscheidung zwischen den Begriffen „Schöpfung" und „Natur." Der erste hat einen größern Umfang, als der zweite. Jener bezeichnet alles Erschaffene, dieser die Totalität alles sinnlich Wahrnehmbaren. Durch die Nichtbeachtung dieses Unterschiedes ist es möglich geworden, daß die emancipirte Wissenschaftlichkeit die Schöpfung als Natur behandeln kann, die Theologie aber, wiewohl nicht ohne Berechtigung, die Natur als Schöpfung, nur daß der Mangel dieser Geschiedenheit auch den Gegnern zu Gute kommt.

Die Existenz der Engel durch eine Stufenleiter der Geschöpfe von dem Menschen bis zu Gott, und durch die Nothwendigkeit, die große Lücke zwischen dem Menschen und Gott nicht unausgefüllt zu lassen, dem Verstande plausibel machen zu wollen, ist eine etwas zu voreilige Hypothese, und Jean Paul hatte recht, wenn er, irre ich nicht, in seiner Levana sagte: die große Lücke sei unausfüllbar, und der Abstand von dem höchsten Erzengel bis zu Gott bleibe immer ein unendlicher; aber Unrecht hat er, wenn er nach Gott keine höhere Intelligenz kennt, also auch für erkennbar hält, als den Menschen.

Einer dieser Engel, so lehrt die Dogmatik, fiel von Gott ab

und verführte einen Theil der übrigen zur Feindschaft gegen Gott. War dies wohl eine Unmöglichkeit, wenn der Abstand von Gott immer noch ein unendlicher war, und wenn, wie wir gesehen haben, Gott nur erschaffen konnte, was nicht mit ihm gleiches Wesens ist? Wenn aber die Existenz der Engel, ihr ganzes Wirken und Wollen, nur durch den Willen Gottes bedingt war, warum ließ Gott den Abfall zu, und als er geschehen war, warum vernichtete er die Abgefallenen nicht sogleich? Es bleibt also nichts übrig, als Gott mußte schon, wenn er den Abfall zuließ, seine besondere Absicht haben. Die Möglichkeit und Zulassung dieses Abfalls mußten Plan und Rathschluß Gottes, und dieser durch den Weltzweck bedingt sein.

Gott ist nicht die Idee des Guten, sondern die ewige Liebe, und er rief alles Erschaffene ins Dasein, um sich selbst, sein innerstes Wesen, eben die ewige Liebe zu offenbaren. Er kann sich aber als solche nur offenbaren in der Liebe und durch die Liebe derer, denen er sich offenbart. Dann müssen aber die Geschöpfe, denen er sich offenbart, die freie Wahl haben. Liebe ohne diese Freiheit ist nicht Liebe, denn Wille ohne diese Freiheit ist nicht Wille. Das Geschöpf mit Bewußtsein, dem Gott sich offenbart, ist, wie Alles, was nicht mit Gott gleiches Wesens ist, v o n u n d d u r c h Gott; aber, indem es auch zu und für Gott sein soll, ist ihm die Freiheit gegeben, z u u n d f ü r s i c h sein zu wollen, denn sonst wäre sein nur „für-Gott-sein-wollen" nicht Ergebniß seines Wollens, also nicht der Liebe. In dieser jedoch keinesweges absoluten Freiheit ist aber die Möglichkeit der Trennung und des Abfalls eines erschaffenen Ichs gegeben. Gott war also nicht der Urheber des Bösen, wenn Engel von ihm abfielen und böse, d. h. Gottes Feinde wurden — denn das Böse ist Feindschaft gegen Gott — sondern die Nothwendigkeit, daß Gott nichts erschaffen kann, was mit ihm gleiches Wesen ist, und die durch die Liebe bedingte Freiheit. Erklärt doch der Versucher selbst in der Gestalt der Schlange nicht Gott, sondern sich selbst für den Urheber des Bösen, wenn er zu den ersten Eltern sagt:

Ihr werdet Gott gleich sein, denn ihr werdet wissen, was gut und böse ist, d. h. wenn ihr Gottes Gebot übertretet, werdet ihr wissen, was böse ist. Ist euer Wille immer Eins mit dem Willen Gottes, so daß ihr immer nur wollt, was Gott will, das ihr thun sollt: so ist das Böse selbst, und auch der Begriff „böse" unmöglich. Der Teufel spricht damit indirekt aus, daß das Böse nur durch das Wollen und Thun gegen Gottes Willen in die Welt gekommen sei. Den Abfall der Engel aber mußte Gott zulassen; ließ er ihn nicht zu, so vernichtete er das Wollen derselben, und damit die Offenbarung seines innersten Wesens. Auch konnte er die Abgefallenen nicht vernichten, denn er hätte damit sich selbst für den Urheber des Bösen erklärt. Gott hatte angesehen Alles, was er gemacht hatte, und hatte gesehen, daß es sehr gut war. Diese Anerkennung seines Werkes hätte er für unwahr erklärt. Die Offenbarung der ewigen Liebe als des innersten Wesens „Gott" löst alle Räthsel.

Die Verführung des ersten Menschenpaares war die Offenbarung des Satans, der gottfeindlichen Macht, und zugleich die Urlüge, durch welche der Verführer aber sich selbst als den Urheber des Bösen bekannte. Warum gab Gott aber durch sein Verbot dem Teufel die Gelegenheit zu einer solchen Verführung? Weil Gott, der sich in dem Menschen, seinem Ebenbilde, als die ewige Liebe offenbaren wollte, diese Offenbarung zu einer gewissen Entscheidung bringen wollte. Der Mensch sollte mit selbstständigem Bewußtsein und Willen sich für immer entscheiden, in der Liebe Gottes zu bleiben; er sollte aus freier Liebe sich gleichsam für immer als Ebenbild Gotttes feststellen.

Die Ursünde zerriß das zarte Band der Liebe zwischen Gott und dem Menschen, und raubte gleichsam dem Objekte „Gott" in dem menschlichen Bewußtsein die Herrschaft, weil diese Herrschaft nur bestehen konnte durch die Liebe des Menschen zu Gott. Dagegen wurde die Bedingtheit durch die Natur mächtig. Das eigne Ich wurde auf den Thron des Bewußtseins erhoben; dadurch gewann die Natur selbst in dem Menschen die Herrschaft und Uebermacht. Der Mensch, vorher, wie Gott, erhaben über den Naturstreit, sank in diesen Streit hinab. Der Naturstreit wurde mächtig in dem Menschen. Es erhob sich in ihm das contradictorische „entweder ich oder du", und mit ihm das Prinzip der Selbstsucht und des Hasses, und dadurch amalgamirte sich in ihm leicht ein zwiefaches Element des Verderbens, ein gleichsam natürliches und das teuflische. Das natürliche bezeichnete sich als überwiegende Herrschaft des Naturstreits, unter welcher das menschliche Bewußtsein zur thierischen Beschränktheit hinabsank. Das teuflische Element gab sich besonders da kund, wo der Naturstreit zur bewußten Feindschaft gegen Gott wurde. Die satanische Intention war, das Gottesbewußtsein in der Menschheit entweder ganz zu vertilgen, oder in entschiedene unversöhnliche Feindschaft gegen Gott umzuwandeln, den Menschen entweder zum Thier oder zum Ebenbilde, zur Offenbarung des Teufels zu machen, mit einem Worte, den Weltzweck nicht nur zu vereiteln, sondern die Welt, wo möglich Gott besiegend, dem Zweck des Satans zu unterwerfen. Zugleich aber steht fest: der Verlust des göttlichen Ebenbildes war nicht mit dem Sündenfall der Menschen auf einmal abgethan. Dort im Paradiese war nur der Anfang, ein freilich sehr tief und durchgreifender Anfang des Verlierens gemacht, allein das Verlieren dauerte fort bis auf den heutigen Tag, und die Geschichte der Menschheit ist eben die Geschichte dieses Verlierens, sowie des Kampfes gegen dasselbe zur Wiederherstellung des göttlichen Ebenbildes.

Wie dieser Kampf bereits Jahrtausende gewährt hat; wie Gott selbst das größte Opfer gebracht hat, um die große allgemeine Schuld der Menschheit zu tilgen, und diese wieder mit ihm selbst zu versöhnen, ist Allen bekannt, wenn auch Vielen wohl nur als dürftige Skizze einer veralteten Orthodoxie. Indem wir uns aber der Kritik unsers fingirten Philosophen erinnern, können wir der Mühe überhoben sein, ihre Einwendungen viritim zu widerlegen. Die entscheidende Frage bleibt immer: wozu dies Alles? eine Frage, die nur aus der Erkenntniß des Weltzwecks gelöst werden kann, dessen wir bereits S. 99 u. 100 gedacht haben. Dieser Zweck war die **Offenbarung Gottes**, und zwar nicht blos der äußern Seite seiner Herrlichkeit durch die Erschaffung der Welt, sondern auch seines Innern, seiner Heiligkeit und Gerechtigkeit, und zuletzt seines innersten Wesens, als der ewigen Liebe. Das Gebot: „Du sollst lieben Gott, deinen Herrn, von ganzem Herzen, von ganzer Seele, von ganzem Gemüthe und aus allen Kräften ⁊c." war im Alten Bunde ebenfalls noch Gesetz; es heißt: „Du sollst lieben." Dieses Gesetz war noch nicht die Offenbarung der ewigen Liebe selbst. Die konnte erst stattfinden, wenn das: „du sollst" zu einem freudigen, sich ganz hingebenden „ich will" geworden war; und diese große Umwandelung wurde nur möglich durch die große Versöhnungsthat auf Golgatha; welche wieder nur möglich war durch den Fall der ersten Eltern. Denn die Versöhnung ist Wiedervereinigung des Getrennten, diese setzt aber Trennung, und zwar Trennung Dessen, was früher vereinigt war, voraus. So war also die Offenbarung der ewigen Liebe nur möglich durch den Sündenfall, sowie dieser durch die Verführung der ersten Eltern von der gottfeindlichen Macht, und diese wieder durch den Fall der Engel. So war die Zulassung dieses Falles zugleich eine Nothwendigkeit, ohne welche die Offenbarung nicht möglich war, und der Kampf des Guten und Bösen, dieser große Grundgegensatz in der Entwickelungsgeschichte der Menschheit, tritt heraus aus der bloßen naturalistischen Beengtheit eines räthselhaften Seins der Welt durch Naturnothwendigkeit; die Geschichte der Menschheit erweitert sich zu dem großen, allumfassenden Kampfe der **Weltgeschichte**, indem der Mensch selbst die Offenbarung der ewigen Liebe wird, um die ganze Herrlichkeit dieser Offenbarung zu vollenden, die zugleich die Seligkeit und ewige Herrlichkeit aller Erschaffenen werden kann.

Wie aber? wenn die ersten Eltern sich nicht hätten verführen lassen? Darauf antworte ich zunächst mit der Frage: „Wie? wenn die Engel nicht gefallen wären?" und weise den Fragenden an Gottes Allwissenheit, welcher in der ganzen zeitlichen und ewigen Zukunft nichts verborgen ist. Er frage den Allwissenden, ob er es wohl für möglich gehalten habe, daß die Engel nicht fallen, und die ersten Eltern sich nicht würden verführen lassen.

Es läßt sich aber noch eine zweite Frage vernehmen: Wie war es denn vor Erschaffung der Welt? Wenn Gott als die ewige Liebe sich nothwendig offenbaren mußte, was that er denn vorher? Die Nothwendigkeit war doch vorhanden; sie konnte doch nicht erst kurz vor Erschaffung der Welt entstanden sein. Diese Frage wird vorzüglich noch durch einen psychologischen Grund motivirt. Die räumliche Unendlichkeit der Welt ist allgemein zugestanden. Damit steht aber die Dauer der Welt, soll die Existenz derselben einen Anfang gehabt haben, in einem offenbaren Mißverhältniß, denn was sind 6000, was sind 100,000 Jahre gegen die Unendlichkeit? Dieses Mißverhältniß kann aber nur ausgeglichen werden durch die unendliche Dauer, durch die Existenz der Welt ohne Anfang und Ende, zumal da die räumliche Unendlichkeit auch zu der Voraussetzung der Kraft zu einer solchen Dauer berechtigt. Wir antworten dessen ungeachtet auf diese Frage: Steht das Prinzip der logischen Nothwendigkeit psychologisch fest, wie es denn erwiesen ist: so wissen wir, was wir von der Frage selbst zu halten haben. Wir müssen vermöge der subjektiven Unendlichkeit unsers Bewußtseins immer über die Schranke desselben hinaus gehen; wir müssen eine Schranke setzen, um darüber hinaus zu gehen, und darüber hinaus gehen, um wieder eine Schranke zu setzen u. s. f. ins Unendliche. Wir können also auch rückwärts über den Anfang der Welt und über Gott den Schöpfer derselben hinaus gehen. Aber über diese große objektive Schranke hinaus gerathen wir in das (metaphysische) Leere. Was uns objektiv gegeben ist mit der Erschaffung der Welt und dem übernatürlichen Schöpfer derselben, ist uns als der Anfang alles Wirklichen, aller Objektivität gegeben. Dieser Anfang der Welt ist der Anfang alles menschlichen Bewußtseins und Wissens, die objektive letzte Schranke desselben. Jenseits derselben ist nichts, was wir wissen können. Da ist der Zeruane Akerene des Zendaweft, die unendliche Zeit, d. h. die subjektive leere Unendlichkeit, und objektiv das Nichts, die Dunkelheit des Nichtbewußtseins, die alte Nacht des Hesiodus. Denn das Nichts, d. h. das Nichtbewußtsein, dieses Entgegengesetzte des Gesammtbewußtseins der Menschheit, können wir uns nur vorstellen als eine unendliche Finsterniß; denn wo Nichts ist, da kann Nichts wahrgenommen werden; und diese Nothwendigkeit stellt sich selbst uns dar als undurchdringliches Dunkel; dieses Dunkel ist aber zugleich gränzenlos, weil wir in diesem Nichts, also auch keine Gränze wahrnehmen können. Für metaphysische Träume ist allerdings Platz genug darin. Unstreitig in diesem Sinne sagte Luther sehr treffend, als man ihn fragte, was Gott vor Erschaffung der Welt gethan habe: „Er schnitt Ruthen für Diejenigen, welche solche vorwitzige Fragen thun."

Unmöglich kann ich mich hier noch weiter auf speciellere dogmatische Erörterungen einlassen. Meine Schrift kann und soll keine ausführliche allgemeine christliche Dogmatik sein; sie soll der Möglichkeit einer solchen nur Bahn brechen. Deshalb aber muß ich noch einen ganz besonders wichtigen Punkt berühren. Ich sprach S. 95 davon, daß von der Offenbarungslehre in Gott, der ewigen Liebe, das Subjekt der Vater, das Objekt der Sohn, die Wechselwirkung beider der H. Geist genannt werde, und daß dieser Anthropomorphismus eine tiefe und umfassende Bedeutung habe. Ich komme jetzt wieder auf diesen Anthropomorphismus zurück, da er zugleich die Form der Offenbarung Gottes bezeichnet. Diese Form ist die **Menschwerdung Gottes**. Sie begann nicht erst mit der Geburt des Sohnes Gottes auf Erden. Diese Geburt war freilich die bestimmteste Verwirklichung der Menschwerdung, indem der Sohn Gottes dadurch des Menschen Sohn wurde, gleichsam der Culminationspunkt der Offenbarung Gottes, als der ewigen Liebe. Die Menschwerdung als Form der göttlichen Offenbarung begann schon mit der Erschaffung der Welt, mit dem: Und Gott sprach: „Es werde Licht", und erreichte ihre erste bestimmte Wirklichkeit dadurch, daß Gott, den

Ausspruch: „Lasset uns Menschen machen, ein Bild, das uns gleich sei", vollziehend, in einem Erschaffenen ein seinem innern Lebensverhältniß als Subjekt und Objekt (Vater und Sohn) analoges Bewußtsein herstellte. Es war dies gleichsam das erste Stadium der Menschwerdung Gottes, wo Gott des Menschen Vater wurde, sowie die Geburt des Gottessohnes auf Erden, wo er des Menschen Sohn wurde, das zweite, und die Ausgießung des H. Geistes, wodurch der Mensch wieder das Ebenbild Gottes, die Offenbarung der ewigen Liebe wurde, das dritte und letzte. In diesen letzten Stadien wurde die Dreieinigkeit erst Gegenstand des menschlichen Bewußtseins, weil Gott durch die Geburt, durch das Leben, Leiden und Sterben seines Mensch gewordenen Sohnes auf Erden erst die ewige Liebe, sein innerstes Wesen offenbarte.

Der Mensch hätte nie Mensch werden können, hätte Gott sich ihm nicht als Mensch geoffenbart. Das erste Wort Gottes, das wir in der Bibel lesen, das Wort: „Es werde Licht", bezeichnet die Welt und deren Erschaffung sogleich als Offenbarung Gottes. Das Wort und das Licht sind die Ur- und Grundbegriffe der Offenbarung, das Wort als das offenbarende Prinzip und das Licht als die Offenbarung selbst. Darum nennt auch der Apostel Johannes im Anfange seines Evangelii das Wort, das im Anfange bei Gott und Gott selbst war, das Licht der Welt, und es ist dieses Wort ihm einerlei mit dem Sohne Gottes. Wie in dem menschlichen Bewußtsein das Ich als objektives Subjekt das Vermittelnde der Wechselwirkung des Subjekts (des subjektiven) mit den objektiven, d. h. äußern Objekten ist, so in dem Bewußtsein „Gott" der Sohn, das Objekt „Gott", das Vermittelnde der Möglichkeit und Wirklichkeit dessen, was nicht mit Gott gleiches Wesens ist, durch das Subjekt „Gott." Das ewige Objekt der Liebe und des Bewußtseins „Gott" ist zugleich das Wort, d. h. das offenbarende Prinzip, und das Licht, also die Offenbarung selbst. Gott wohnt in einem Lichte, zu dem Niemand kommen kann, aber das Licht, das in die Welt gekommen ist, und durch welches die Welt ist, ist das Wort.

Als Gott den Menschen erschuf, war er als Mensch und Ewigvater selbst das erste Objekt des menschlichen Bewußtseins, und der erste Mensch, als Kind Gottes, vernahm das Wort seines Vaters. Das erste Wort, das zu dem Menschen gesprochen wurde, war das Wort Gottes. Wie das Bewußtsein des Kindes durch die Mittheilung des Bewußtseins-Inhalts Erwachsener über seine Bedingtheit durch die Natur (s. S. 10) und dadurch über seine eigne Schranke erhoben wird; so der erste Mensch durch Mittheilung eines Inhalts des Bewußtseins „Gott" zu der übernatürlichen Stellung des menschlichen Bewußtseins überhaupt. Was war aber der Inhalt dieses Bewußtseins „Gott?" Es war das, dessen der Mensch und die Menschheit für die ganze Zukunft bedurfte, wenn er Mensch sein sollte. Es war das, was die ersten Kapitel der Genesis enthalten, die Erschaffung der Welt und des Menschen. Diese Mittheilung war nothwendig, wenn Gott, als der „übernatürliche," Objekt des menschlichen Bewußtseins werden sollte. Damit wurde auch der erste Mensch gleich mit bestimmtem Bewußtsein an die Schwelle der ganzen Zukunft der Menschheit gestellt. Er hatte nicht das Dunkel einer unbekannten Vergangenheit, sondern die Erschaffung der Welt hinter sich und den übernatürlichen Gott, seinen Vater, über sich. So wie das menschliche Bewußtsein als Bild des innern Wesens Gottes, des In-sich-seins desselben sich darstellt als Bild der Dreieinigkeit, so der Mensch als der sprechende das Bild des sich äußernden oder offenbarenden Gottes durch die Sprache. Wer hier noch fragt: Kann denn Gott aber als Mensch erscheinen und kann er auch sprechen? und: Wie konnte denn der erste Mensch die Sprache Gottes verstehen, die er doch nicht gelernt haben konnte? und dergl. mehr, der hat Gott noch nicht erkannt, als den, der Alles bedingt, ohne von irgend Etwas bedingt zu sein, als den absoluten Geist. Kann Gott nicht, was wir vermöge unserer leiblichen Organe können, ohne dieselben, dann ist er nicht der Schrankenlose, der absolute Geist. Und was das Verstehen der Sprache Gottes von Seiten des ersten Menschen betrifft, das können wir dem übernatürlichen Gott überlassen, das war seine Sache. Konnte er den Menschen erschaffen, dann konnte er sich ihm auch wohl verständlich machen. Wir stehen ja hier an der Grenze des Absoluten.

Jetzt aber können wir mit vollem Rechte sagen: Die christliche Dogmatik ist geworden, was sie bis jetzt noch nicht war, eine Wissenschaft. Bisher war, was man Dogmatik nannte, immer nur ausführlichere Exposition eines confessionellen Bekenntnisses, ein Ergebniß kirchlicher Diplomatie in dem Streite kirchlicher Parteien. Das Bekenntniß einer Confession enthält immer die Artikel, welche dieselbe beim Schließen eines äußern Friedens sich von den übrigen garantiren ließ. Sie war nicht Wissenschaft, d. h. Vollendung des Gesammtbewußtseins der Menschheit über den Inhalt des christlichen Glaubens. Wäre sie dies, dann hätte aller Glaubenskrieg ein Ende. Was die allgemeine Einheit begründet, ist aber nicht der Gedanke, die Erklärung und der Glaube dieses oder jenes Menschen, eben so wenig aber auch eine wissenschaftliche Hypothese, also nicht menschliche Erfindung, sondern wirkliche Thatsache des menschlichen Bewußtseins, in dem Bewußtsein aller Menschen, ein Gesetz Gottes, also eine Nothwendigkeit, durch welche unser menschliches Bewußtsein besteht, wie es ist, und die, als ein uns von Gott gegebenes Gesetz, selbst Gottes Werk ist.

Der allumfassende Einheitsbegriff der Dogmatik als Wissenschaft ist der Begriff der übernatürlichen Offenbarung, und dieser zugleich gegeben als Prinzip mit dem Anfang aller Dinge. Die Dogmatik ist nun ein wirkliches Ganzes, und die logische Nothwendigkeit ihres innern Zusammenhanges psychologisch begründet durch das Grundverhältniß und Grundgesetz unsers Bewußtseins, und durch das thatsächliche Verhältniß dieses Grundverhältnisses zu dem unaustilgbaren Gottesbewußtsein, so lange der Mensch — Mensch ist, d. h. so lange er in sprachlicher

Wechselwirkung mit andern Menschen, und so mit der Menschheit bleibt. Dieses Verhältniß des Bewußtseins ist wieder begründet in der Erschaffung des Menschen, und beginnt mit dem Anfange der Menschheit, d. h. des menschlichen Bewußtseins, und so mit der Erschaffung der Welt oder Natur. Alles vereinigt sich mit diesem und in diesem ersten Anfange, dem wahren Prinzip (principium) alles Werdens.

Nicht nur die Wahrheit der Bibel und des christlichen Glaubens ist dadurch gesichert, sondern auch die Wissenschaft ist erlöst worden von der Herrschaft des falschen Vernunftbegriffs. Das Prinzip der Logik ist gefunden. Dieser ist in dem Grundgesetz des Bewußtseins die unerschütterliche Basis ihrer Nothwendigkeit gegeben, und zwar einer Nothwendigkeit, welche die Allmacht selbst nicht überwinden kann.

Aristoteles, der Schöpfer der Lehre von den Gesetzen des Denkens, ermittelte sie aus der Sprache. Daher nannte man seine Logik Organon, als Werkzeug für das $\delta\iota\alpha\lambda\acute{\epsilon}\gamma\epsilon\sigma\vartheta\alpha\iota$. Sie gründete sich nicht auf Begriffsforschung, sondern war bedingt zuerst durch das Sprechen, nicht durch das Denken. Dies ergiebt sich deutlich aus seiner Definitionslehre, welche als Lehre der Begriffsbestimmung gilt, und wird bestätigt durch seine Syllogistik, welche mit ihren vier Figuren des Schlusses und deren Unterarten das ganze System des **sprachlichen** Bewegens des Schlusses darstellt. Seine Definition, mit ihrem genus und ihrer differentia specifica, ist keineswegs Begriffsbestimmung, sondern Classification der verschiedenen Begriffe unter höhere Gattungsbegriffe, und das Prinzip dieser Classification ist das Conventionelle der Sprache. Daher wurde Aristoteles, um seinen Begriffen die noch fehlende Haltung zu sichern, genöthigt, sich an die **Dinge an sich** zu wenden, gerieth aber damit aus dem Bereich des Bewußtseins hinaus, und wurde zugleich der Stifter der — Metaphysik. Das Conventionelle der Sprache ist aber das alte Babelsprinzip aus der Zeit Nimrods, welches eben die Verkehrtheit erzeugte, aus der Verschiedenheit des Sprechens die Einheit des Denkens, und aus der

Grammatik die Logik ermitteln zu müssen. René Descartes (Princ. phil. Part. I. §. X.) sagt: „Die Philosophen, welche es versucht haben, nach den Regeln ihrer Logik Dinge zu erklären, die sich von selbst verstehen (weil ja die Ausdrücke, welche dieselben bezeichnen, allgemein verstanden werden), haben sie nur verdunkelt." Er rechtfertigt sich damit, daß er sich auf solche Erklärungen nicht einläßt. Sollen wir aber immer nur bis zu dem allgemein Verstandenen in der Sprache gehen, und hier stehen bleiben, dann hört alles wissenschaftliche Forschen auf, und die Vernunft ist und bleibt gefangen unter dem Banne des sprachlich Conventionellen*).

Kant wollte diesen Bann durchbrechen und den Begriff unmittelbar selbst ergreifen. Er versuchte es mit den Begriffsformen (Kategorien). Allein in seiner Kategorientafel ist das wahre Verhältniß des Subjektiven und Objektiven noch unerkannt. Die Kategorien der subjektiven Bedingtheit, Realität (Affirmation), Negation und Limitation gelten als Kategorien der Qualität, und die wahren Kategorien der Qualität, Substanz, Inhärenz und Accidenz, stehen zusammen mit den Kategorien der Causalität, Ursache, Wirkung und Wechselwirkung, unter dem Moment „Relation."

Können wir uns jetzt schon ganz ungetrübt des Sieges über unsere Gegner erfreuen? Wollten wir es, so würden sie uns noch an einen Punkt erinnern, den wir ja S. 67 u. ff. selbst nicht verschwiegen haben. Sie können uns an das alte Weltbild erinnern, und wie der Erlöser, während dieses Weltbild jetzt durch eine ganz andere Wirklichkeit beseitigt ist, doch selbst, Er der Sohn Gottes, in dessen Munde keine Unwahrheit erfunden wurde, durch den alle Dinge gemacht sind, die alte beschränkte Vorstellung bestätigt. Wir dürfen aber die Antwort auf die Fragen: Fanden die Jünger und Apostel etwa nur deshalb in dem Munde Jesu keine Unwahrheit, weil sie alle selbst in dieser Weltanschauung be-

---

*) Man nennt dies jetzt auch wohl das Populäre, und rühmt es als das allgemein Verständliche.

fangen waren? Konnten die Menschen nur so lange in seinem Munde keine Unwahrheit finden, weil sie in dieser selben Befangenheit sich befinden mußten? — wir dürfen, sage ich, den Gegnern die Antwort auf diese Fragen nicht schuldig bleiben.

Ich erinnere an das, was ich unlängst über die Menschwerdung Gottes als Form der göttlichen Offenbarung gesagt habe. Der Sohn Gottes, als Mensch geboren, mußte nothwendig auch ein Mensch seines Volks und seiner Zeit sein. Wer hätte den Erlöser verstanden, wenn er so nicht als eine Erscheinung der damaligen Gegenwart, sondern aus einer viel späteren Zukunft zu seinen Zeitgenossen gesprochen und ihnen statt des Himmelreichs eine ganz andere Welt verkündigt hätte, als die, welche sie aus ihrer eignen Anschauung erkannt und gleich in den ersten Worten der H. Schrift: „Im Anfang schuf Gott Himmel und Erde" bestätigt fanden? Und gehen wir tiefer ein, so können wir nur die tiefe, allumfassende Weisheit des Erlösers erkennen. Indem er als Lehrer und Zeuge für die höchste Wahrheit mit der zu erlösenden Menschheit verhandelte, bediente er sich der Gleichnisse und Symbole, und nahm die Motive aus dem Leben seiner Zeit und seines Volkes. Der Acker, auf den das Samenkorn seines Wortes fiel, die Welt, wie er sie in dem Bewußtsein seines Volkes vorfand, mit dem Gegensatz „Himmel und Erde," war gleichsam das Total-Symbol, das er seiner Lehrart zum Grunde legte als Bezeichnung des Gegensatzes „übernatürlich und natürlich." Denn wie sich das Irdische als Symbol des Natürlichen in dem Bewußtsein der damaligen Zeit geltend machte, so der Himmel, hoch über diesem Natürlichen, als Symbol des Uebernatürlichen. Eben so wie die Offenbarung des innersten Wesens Gottes durch eine Thatsache, durch die Thatsache der Versöhnung, von der Menschheit erfahren werden mußte, wenn sie wirklich Offenbarung sein sollte: so mußte auch die Naturoffenbarung erfahren werden. Und die großen Entdeckungen im funfzehnten und sechszehnten Jahrhundert n. Chr. waren eine Naturoffenbarung, die um so merkwürdiger ist, weil ihr die Reformation auf den Fuß folgte, und der Wissenschaft, d. h. dem Gesammtbewußtsein der Menschheit, die Bibel übergab.

Zwei Zeugnisse haben wir für die objektive Haltlosigkeit unserer Interpretation der H. Schrift. 1) Die Behauptung: „An den confessionellen Bekenntnissen müssen wir festhalten, denn die Bibel kann man erklären, wie man will"*) und 2) das ängstliche Festhalten und Wachen über dem Festhalten jedes Buchstabens. Das Erste ist ein indirektes Bekenntniß, daß wir kein haltbares Prinzip der Bibelerklärung haben, und daß wir glauben müssen an diese oder jene Erklärung dieses oder jenes Interpreten. Damit stellen wir aber factisch die Vernunft über Gottes Wort. Denn ist die Wahrheit desselben bedingt durch die Erklärung dieses oder jenes Interpreten, also durch die menschliche Vernunft, dann steht diese über dem Worte Gottes. Das zweite Zeugniß spricht keineswegs zu Gunsten unseres exegetischen Forschens. Aengstlich an jedem Buchstaben festhaltend, aus Besorgniß, sonst das Ganze, als ein subjektives Gebilde zerfließen zu sehen, suchen wir die höchste und tiefste Bedeutung durch Allegorisiren mit der Bild- und Gleichnißsprache der Bibel zu gewinnen, während wir diesen Erklärungen durch jenes ängstliche und beengende Festhalten an dem Buchstaben und durch das bringende Ermahnen, die Vernunft gefangen zu nehmen unter den Gehorsam des Glaubens, faktisch die objektive Basis absprechen. Ich erinnere hier zugleich an das, was ich Seite 112 über die objektive Haltlosigkeit des Conventionellen in der Sprache gesagt habe. Ist denn das Christenthum, und darf die christliche Dogmatik ein Kartenhaus sein, das bei der leisesten Berührung den Einsturz droht? In einem Gebäude, das auf festem Grunde ruht, kann man ohne Furcht vor dem Einsturz eine Wand durchschlagen, oder ein am unrechten Orte angebrachtes Fenster zumauern und ein anderes an einem bessern durchbrechen.

---

*) Das Festhalten am Bekenntniß, und das offene Bekennen hat aber jetzt auch seine Rechtfertigung darin, daß dadurch eben nur die Wahrheit zu Tage kommen kann, nicht durch das Verschweigen und tolerantes Verwischen und Verdämmern aller Differenzen.

Aber wie ist es mit den confessionellen Differenzen, z. B. mit der Lehre von der Gnadenwahl und dem h. Abendmahl? Wie können hier die noch bestehenden Räthsel gelöst werden? Ich kann die Lösung nur noch kurz andeuten; hoffentlich wird der denkende Leser sich das Weitere selbst entwickeln.

„Gott will, daß allen Menschen geholfen werde," so sagt die H. Schrift. Damit ist sogleich die Prädestination zur Seligkeit oder Verdammniß ausgeschlossen. Es spricht sich in diesen Worten auch die Offenbarung des innersten Wesens „Gott," der ewigen Liebe aus. Es ist der Wille der ewigen Liebe, daß Alle selig werden. Werden nicht Alle selig, so ist dies nicht Prädestination, sondern nothwendige Zulassung. Gott kann nur erschaffen, was mit ihm nicht gleiches Wesens ist, und die Offenbarung der ewigen Liebe ist nur möglich durch die bedingte Freiheit der erschaffenen Wesen, durch welche und denen sie offenbart wird. Jede Prädestination vernichtet das Wesen der göttlichen Offenbarung.

Der Abendmahlsstreit verdankt seine Entstehung der alten Metaphysik und ihrer Lehre von den Dingen an sich und ihrem Wesen an sich außer dem Bereich unseres Bewußtseins. Daher die Lehre des Paschasius Radbert von der Transsubstantiation mit allen ihren Consequenzen in der römisch-kath. Kirche. Zwingli umging diese Metaphysik durch seinen Symbolismus, versetzte aber dadurch das Sacrament, als ein blos historisches Denkmal, rein auf den Boden der Subjektivität. Calvin umging ebenfalls durch Symbolismus jene Metaphysik, kam aber durch die Art, wie er dem Abendmahl die übernatürliche objektive Haltung zu geben suchte, der Wahrheit näher. Wie der Erlöser damals, als er die Einsetzungsworte: „Das ist mein Leib, das ist mein Blut" sprach, selbst gegenwärtig war, so ist er selbst als Wirth auch immer im Abendmahl gegenwärtig. Durch das Abendmahl wird der Communicant unter eine direkte und ganz besondere Einwirkung des Gottessohnes gestellt. Luther, der nichts umgehen konnte und wollte, trat direkt der alten Metaphysik entgegen, mußte damals aber den Kampf auf dem Grund und Boden dieser Metaphysik selbst durchkämpfen, während er unter dem Einfluß derselben stand. Sein großes Bekenntniß vom H. Abendmahl ist daher voll von Widersprüchen, und die Art, wie er den falschen Begriff „Wesen" mit seinem Beispiele von der hölzernen und silbernen Rose und dem Bilde des Apostels Paulus bekämpft, ist durchaus verfehlt. Allein Ehre sei deshalb dem großen Reformator, der sich damals mit seiner ganzen Glaubenskraft gegen den Sturz des Supranaturalismus stemmte, der die Verantwortlichkeit für die Wahrheit auf seine subjektive Ueberzeugung nahm, und zwar für die ganze Zukunft der Menschheit, so daß sie bis auf den heutigen Tag durch den Glauben an Luthers Glauben, denn das ist der Lutheranismus, allen Stürmen des Unglaubens und der Wissenschaft drei Jahrhunderte hindurch Stand hielt.

Was ist denn aber das Wahre der Sache? Abgesehen davon, daß, als Jesus sprach: „Das ist mein Leib, das ist mein Blut," er dabei das eben verzehrte vorbildliche Osterlamm im Sinne hatte, und also sagte: was ich euch gebe, ist nicht mehr vorbildlich, sondern ich gebe damit mich selbst wirklich, — abgesehen davon, sage ich, müssen das Brod und der Wein doch wirklich sein, als was der Erlöser sie gab. Als er zu Capernaum gesagt hatte: Ich bin das Brot vom Himmel — wer mein Fleisch isset und trinket mein Blut, der hat das ewige Leben und von seinen Zuhörern nicht verstanden wurde, da sprach er: „Das Fleisch ist kein nütze; der Geist macht lebendig; also: mein Geist macht das Brot und den Wein zu einem lebendigen Leibe und Blute. Sie sind das Leibliche, durch das ich wirke, und somit mein Leib. Ihre Wirksamkeit ist der Ausdruck ihres Wesens; denn als wirklich bewährt Etwas sich eben durch das, was es wirkt.

Noch manche Frage wäre wohl zu beantworten übrig, ich kann hier aber nur noch eine der wichtigsten berühren. Was wird aus den armen Heiden der Vorzeit und Gegenwart, die von dem Evangelium nichts vernehmen konnten; ja, was wird aus den redlichen Zweiflern, welche die Wahrheit suchten, aber nicht finden konnten? Die Antwort ist kurz folgende: Abgesehen von dem, was man in dieser Hinsicht aus dem Dogma von der Höllenfahrt Christi gefolgert hat, gilt als unumstößliche Wahrheit: U n r e c h t k a n n i h n e n n i c h t g e s c h e h e n. Der Gott, der sein inneres und innerstes Wesen, die ewige Gerechtigkeit und Liebe so offenbart hat, wie wir wissen, d i e s e r G o t t k a n n i h n e n n i c h t u n r e c h t t h u n. Wir aber wissen, was wir zu thun haben.

Wissen denn aber Alle, was sie zu thun haben, und werden endlich Alle es wissen und wissen w o l l e n? Daß die Sünde mächtig ist, daß die Menschen die Finsterniß mehr lieben, als das Licht, dafür spricht die Erfahrung nicht von Jahrhunderten, sondern von Jahrtausenden. Sollen wir deshalb aber nicht die Gabe, die Gott uns verliehen hat, gebrauchen? Wohl sagt der Herr: „Bittet, so wird euch gegeben", aber er sagt auch: „S u c h e t, s o w e r d e t i h r f i n d e n." Unsere Zeit steht an dem Scheidewege eines Gegensatzes, von dessen contradictorischer Schicksalstiefe sie noch keinen Begriff hat. Unvermögend, die durch den alten Irrthum im Verborgenen als Schicksal waltende logische Nothwendigkeit zu erkennen und zu verstehen, will und kann man sich nicht entschließen, das Rechte zu thun.

Mitten in dem Gewirr der mannigfaltigsten Widersprüche, welches man die öffentliche Meinung nennt, lassen sich die Stimmen von namhaften Theologen hören: „Zurück in die alten Wege! Zurück zu dem Glauben unserer Väter!" „Ei", sagen die Vertreter der römisch-kathol. Kirche, „seid ihr dahin gekommen? Nun wohl! Zurück zu dem Glauben der Väter! Zurück in den Schoß der allein selig machenden Kirche!" Wie weit sollen wir denn zurück? Etwa bis in das sechszehnte Jahrhundert? Kann denn die Menschheit dort festgebannt werden, ohne auf den alten Wegen wieder vorwärts zu gehen? Und wohin würde sie dann kommen? Wieder doch dahin, wo wir jetzt sind.

Die Theologie lehrt, das Erlösungsbedürfniß könne nur stattfinden, wo die Erkenntniß der eigenen Sünden erwacht ist. Wahr! Aber sie erkennt nicht, wie mächtig auch ohne diese Erkenntniß das Erlösungsbedürfniß sich ausspricht in dem Idealismus der Zeit. Das Leben der Menschheit soll so werden, wie es sein soll, denn es ist nicht so, wie es sein soll. Das ist das Wahre an dem ganzen Idealismus. Beinahe sechstausend Jahr hat das Leben der Menschheit werden sollen, wie es sein soll, und ist immer noch nicht so geworden. Seit man sich für die Verneinung des Uebernatürlichen entschieden; und nichts weiter hat, als dieses Leben, fangen die Menschen an, ungeduldig zu werden. Sie wollen nicht länger warten, und der Sache wohl gar mit Gewalt ein Ende machen. Das ist das allgemeine große Erlösungsbedürfniß der Zeit. Ueber die Befriedigung ist von mir gesagt worden, was noch gesagt werden kann. Der Streit zwischen Vernunft und Glauben ist entschieden, und meine Schrift das Ultimatum der Wahrheit. Ich mache keine Ansprüche auf Glauben an meine Autorität, wohl aber fordere ich meine Zeitgenossen auf, selbst eine Entdeckung zu machen, die jeder Denkende machen kann; ich fordere jeden Denkenden auf, eben selbst zu denken. Ob aber meine Aufforderung Gehör finden wird? — Ich weiß es nicht, und mache mir durchaus keine sanguinische Hoffnungen. Ich bin ein Greis. Die Vergangenheit meines Lebens mit allen irdischen Wünschen und Hoffnungen habe ich hinter mir und — die Wahrheit vor mir. Aber ich will das Pfund, das mir verliehen ist, nicht mit ins Grab nehmen. Ich darf nicht schweigen — und achtet man mein Ultimatum der Wahrheit nicht — Wahrheit bleibt es doch. Die Schuld ist nicht mein. Ich bin treu gewesen. Dixi et salvavi animam.

Druck von J. C. Huber in Charlottenburg.